The age of cyber brains
機械脳の時代

データサイエンスは
戦略・組織・仕事を
どう変えるのか？

（社）日本データサイエンス研究所
加藤エルテス聡志

ダイヤモンド社

機械脳の時代　目次

The age of cyber brains

序章

機械脳の時代

第1章

機械脳の解剖学

第2章 可視化する機械脳

The age of cyber brains

第3章 分類する機械脳

第4章 予測する機械脳

第5章 機械脳の設計レシピ

The age of cyber brains

第6章

機械脳を可能にする組織の作り方

The age of cyber brains

The age of cyber brains

序章

機械脳の時代

機械脳とは何か

生活者としての私達の目に見えないところで、ある役割分担の地殻変動が進んでいます。株取引で負けて悔しいとき、健診結果の封筒を恐る恐る開けるとき、新人歌手の音楽に聞き入っているとき、ヒット映画を観て興奮しているとき、出張の飛行機内で気持ちよく居眠りをしているとき、それを作った「仕掛け人」が人でなく、文字通り「仕掛け」つまり機械であると誰が意識しているでしょうか。

株取引ではアルゴリズム取引はすでに常態化しています。あなたが負けて悔しいとき、アメリカのほとんどの証券取引所を通じた取引であれば、あなたの相手は機械である確率のほうが高いのです。

医療データも、機械が処理することが増えてきました。米保険会社のアンセムは、人間の医師の診察に加え、アルゴリズムによる「セカンドオピニオン」を一部義務化しています。日本でも、無数のアルゴリズムが医師でも見落としてしまう疾病兆候を発見しています。臨床レベルで、すでに一般医師の診断能力を凌駕するアルゴリズムも存在します。

アルバム『Come away with me』（邦題『ノラ・ジョーンズ』）が2000万枚以上を売り上げる大ヒットとなり、グラミー賞8部門を受賞したノラ・ジョーンズは、まだ無名の時代にポリフォニックHMI社の「アルゴリズムが発掘した」アーティストです。

ハリウッドの大手映画製作会社は英国のエパゴギクス社などに、まだ1秒も映画を撮影しない段階で興行収入を予測させ、ヒット作になるように筋書き・俳優の修正提案を受け入れています。より世界中の人を感動させ、熱中させるためには物語をどう変えるべきかも、アルゴリズムが提案しています。

飛行機の管制システムには、人間が見逃してしまうような故障の兆候を機械が発見し、トラブルを予防するプログラムが導入されつつあります。

こうしたアルゴリズムの設計においては、従来は1つ1つの判断ルールを条件分岐のように人間がプログラムして作っていました。「こういう条件が満たされたときには、こうせよ」という形式で人間が指示を定義してきたわけです。

しかし近年はアルゴリズムが高度化し、人間が条件分岐を命令せずとも、機械自身が学習を重ね、人がもはや解釈不能な自己プログラム化手法が使われるようになってきています。**機械学習**（Machine Learning）と呼ばれる手法はその代表的なもので、その名の通り機械自身が自己学習するということが今までと大きく異なります。

今までも、動力や熟練工の作業が機械化され、人と機械の役割分担が変わったことはありました。しかし、その際に代替されたのは物理的な力や操作手順であり、人間の特徴である「考えること」ではありませんでした。

現在、人類が歴史上初めて経験しているのは、「考えること」そのものを機械が代替するようになるという革命的な変化です。この時代を、筆者は産業革命期になぞらえ「機械脳の時代」と呼んでいます。

なぜ「機械脳の時代」であり、「深層学習の時代」や「人工知能の時代」ではないのか。その理由は、産業革命を「力織機《りきしょっき》革命」とも「蒸気機関革命」とも呼ばない理由と同じです。産業革命期の変化は、単に力織機や蒸気機関という要素技術に関わる人だけのものではなく、社会の隅々まで及ぶ広範なものでした。

深層学習は計算処理の技術の1つですし、人工知能も単なる1要素技術の名称です。私達が今経験している変化はそうした要素技術に関わる人だけのものではなく、産業革命期と同様に大きなものになります。

人類が初めて経験する、「知能」の担い手が機械と人の間を行き来する変化は、会社の競争戦略はもちろんのこと、生産活動における人の役割と価値、働き方のスタイル、教育制度、法制度や国の競争戦略、そして人々の根本的な価値観まで、不可逆で大きな影響をもたらします。ですから、単なる要素技術の進歩にのみ焦点を絞って「深層学習や人工知能の時代」と思ってしまわず、知能の担い手が変わる「機械脳の時代」と認識していただきたいのです。

本書はビジネス現場で応用できる、実用書として書かれています。そのため、「人工知能とは？」「そもそも知能とは？」といった議論には踏み込みません。あくまで、機械学習という手法によって実現する「考えること」を機械が代替するようになるという変化が、私達にどういった影響をもたらすのか、そして、そうした時代を生き抜くための実行可能な方法を解説することに注力したいと思います。

産業革命期には、職を失った熟練工たちが機械を破壊する運動を起こし、政府と衝突して多くの死傷者・死刑者を出しました（ラッダイト運動）。人間が担う仕事と機械が担う仕事の境界線は、処理業務の複雑さや労働コスト、要求されるリードタイム・正確性、技術水準などによって常にゆらいできましたが、機械脳の時代においては、その境界線がついに「判断」という行為にまで届いてしまったということを、私達は肝に銘じておく必要があるでしょう。

技術の進歩という誰にも止められない現象と、その影響への対処の不全がラッダイト運動の悲劇を生み出しました。「機械脳の時代」にはこのようなことが起こらないよう、本質的な理解の普及に努めたいと思っています。

データサイエンス、機械学習、そして「眠らないウサギ」

「機械脳の時代」と言うと、読者諸賢の中には、「統計技術やコンピュータサイエンスをビジネスに活用してきた例はたくさんあり、いまさら『時代が変わる』ほどの大げさなことが起こっているわけではない」、と考える方もおられるかもしれません。確かに、統計を技術的な柱として、コンピュータサイエンスがビジネスの課題解決に用いられてきたことは今に始まったことではありません。しかし本書は、現時点でそれ以上の地殻変動が起こっており、今までの延長線で現在の変化を捉えることはできない、少なくともそう解釈することで多くのチャンスを活用できる、という立場をとっています。

「機械脳の時代」と認識すべき理由の第1は、**今まで活用されてきた統計学と、現在主流になりつつある機械学習は、根本的に異なる要素技術であるから**です。統計学は、平均や分散、相関などの観点でデータの特徴を人が把握したり、人が予想するのを手助けするための学問です。一方、機械学習は、人間が機械に「この場合はこう」「あの場合はこう」という命令を出すことなしに、全てのデータを渡して後は「機械自身に学習させる」ことが名前の由来となっている技術であり、そもそもまったく違う概念です。

データが複雑になるほど、人間が個別の命令を網羅するのは不可能になります。統計学では多様なデータの平均的な特徴しかわかりません。多数の特徴だけを残し、少数の特徴は捨ててしまう、と言い換えることもできます。一方で、機械学習は全ての特徴を残したまま計算をおこなうことができます。少数派の特徴は、数は少なくても種類がとても多いのです。その結果、機械学習のほうが、ケタ違いに高度で複雑な判断をおこなうことができるようになっています。

精度の点でも、機械学習はケタ違いです。旧来のやり方では、囲碁や将棋プログラムはプロ棋士に勝てませんでしたし、写真をコンピュータに見せてもその人が誰か特定することもできなかったのです。「統計学、コンピュータサイエンスがあるから機械学習で騒ぐ必要はない」というのは、「馬がいるから自動車で騒ぐ必要はない」と言っているようなもので、根本技術の差異を無視して新しいものを過小評価しています。もはや、統計学が最強の学問であった時代は終わるのです。統計学よりも、人の介在なく、はるかに高度な判断ができる技術が登場したからです。

理由の第2は、**進化のスピードの速さ**です。機械学習においては、原則として取り入れるデータ量が増えるほど、その成果の正確性が飛躍的に向上する傾向が顕著になります。

統計学はあくまでも平均の学問なので、こうした傾向は必ずしも明確ではありませんでした。少し乱暴に要約すると、全数を扱う機械学習ではデータが増えれば増えるほど、そのデータを結果に反映させることができる、ということです。たとえば、グーグル・カーが実験で走った累計距離が長くなるほど、今までは経験しなかった交通事情や、小動物の飛び出しなどの経験が蓄積され、それがさらに運転技術を高めて長距離を走るようになり……、というデータ規模による好循環が強力に回ることを意味します。

イソップのウサギとカメの童話ではウサギは油断して歩みを止めましたが、アルゴリズムは油断することも慢心することもなく、たとえ人が眠っていても自動改善を続けることができます。本書でモデルケースとして取り上げる企業群は、データを集約するプラットフォームを持ち、そこに集まったデータからさらに自律的な改善がおこなわれる仕組みを備えたもので、その進化の速さは凄まじいものがあります。彼らはいわば眠らないウサギといえるでしょう。眠らないウサギを相手に、カメとしてレースを挑んでも勝ち目はありません。今まではカメだった企業も、ウサギとしての生き方を選ばざるを得ない状況が来るでしょう。（ウサギにならなくても、カメとしての生存領域を探せないのか？　という疑問もあるかもしれません。これについては、既存企業間の競争において、データサイエンスが武器として活用されてきていることから難しいでしょう。この点は第1章を中心に解説します。）

理由の第3は、**こうした「考える機能」の機械による代替は、企業戦略だけでなく、個**

人のキャリアや能力開発にも甚大な影響があるからです。無論、単に1つの要素技術の登場だけで、今まで培ってきた経験や、個人の市場価値が無に帰するわけではありません。

しかし、鉄砲の登場で戦が変わったように、新たな武器が登場すれば、その強力さに比例して旧来の戦略や戦術の変化も大きなものになります。その運用を担う個人や組織に期待される能力が変わることも必然でしょう。

コンピュータの登場によってさまざまな仕事が自動化され、もはや以前の働き方に企業や個人が戻ることが困難なのは論を待ちません。時代が馬車から自動車に変われば、今まで馬の世話をしていた人の代わりに、車の設計や製造・修理の人の雇用ニーズが高まるのです。自動車技術の影響範囲は、個人のスキルセットはもちろん、運用主体、道路インフラやエネルギー政策、資源獲得をめぐる国際競争にまで及びました。では、「考える機能」が普及していき、今までは想像もつかなかった判断を機械ができるようになったら、どうでしょうか？

そうなるともはや「これは非連続的な変化ではない」と言い張るのは難しいのではないでしょうか。少なくとも個人のキャリア開発の観点では、新たな技術を見据えて必要な能力を涵養することに時間を使うほうがはるかに生産的です。

基礎技術の理解においては、その影響の範囲や規模の特定が重要です。産業革命期は、単に技術としての蒸気機関の時代ではありませんでした。これから私達が生きる時代が「ＡＩの時代」や「機械学習の時代」ではなく、「機械脳の時代」であると理解いただきたいのは、こうした理由からなのです。

長くなったのでもう一度まとめてみましょう。現在急速に発達している機械学習という基礎技術は、これまで人間がおこなっていた「判断する」という行為を機械に代替させうるものです。その点で、単なるコンピュータ利用や統計学とは比較にならないほど影響範囲や規模は大きいものになります。この分野では、技術進化の結果がまた次の進化を促進する性質を持つことから、進化速度が非常に速いことが特徴です。

こうした要素技術の急速な進化を機会として活用するためには、単に「機械学習」の技術側面を見ているだけでは不十分であり、**「考える」という根本的な作業分野で、人と機械の役割分担に地殻変動が起きている「機械脳の時代」**と認識することが必要です。

本書の位置付け

それでは、機械学習という新たな武器を活用していくには、どのようにすればよいのでしょうか。専門家集団を社内に作って、データの舵取りをお願いすることでしょうか。新聞社やＳＩ企業が主催するビッグデータに関するイベントに参加することでしょうか。コンサルタントにビジネス機会の診断を依頼することでしょうか。文系出身者でもプログラミングのイロハを学ぶとよいのでしょうか。

それぞれ一策ではありますが、まずは機械学習の本質を理解し、流行語やツール導入を煽るIT雑誌や、自称「専門家」に踊らされないようにするための見識と視座を身につける必要があるでしょう。新規性に乏しい、当たり前の正論に聞こえるでしょうか？　実際は、この端的な指摘の実現は決して簡単なものではありません。

筆者が接するなかでは、日本を代表する大企業の役員や、この産業分野を担当するキャリア官僚、統計や数理を専門とするはずの研究所の専門家、有名大学の教授でさえも、近年のデータサイエンスの高度化や、企業の競争環境の地殻変動に十分キャッチアップできている方は少ないように思います。データ分析の専門家集団を社内に作っても、既存部署との深い連携・協調体制が構築できずに、社内のリテラシーを上げることに失敗している例も多く見ます。

本書は、「機械脳の時代は将来きっと来るのだ」という未来予測本ではありません。**本書は、未来ではなく今すでに起こっていることについて述べています。**本書で取り上げるケースも、すでに公知となり、物によってはすでにより優れた取り組みが開発されていて、その意味では過去のものです。

本書ではいたずらに「あなたの仕事はなくなる」という危機感を煽るつもりもありません。本書は、機械脳の時代においては、仕事はどのように変わるか、自分は何を学べばよいか、そしてどのように個人のキャリアを形成していけばよいか、ということを建設的に考えたい方のために、考える材料・ものの見方の枠組みを提供し、現実的なビジネス場面での活躍の一助となることを目的としています。

これからの時代に必要とされる職種というと、データサイエンティストを思い浮かべる方も多いでしょう。実際、優秀なデータサイエンティストは現在完全な売り手市場です。米「フォーチュン」誌は、アメリカの大学で、学部ごとの卒業生の初任給ランキングを発表しています。この中でコンピュータサイエンスを学んだ学生の初任給の平均値は約8万5千ドルで、1位の医学部卒業生の約10万ドルに次いで第2位でした。投資銀行で高速取引をおこなうアルゴリズムを作るポジションで、新卒が年俸20万ドル超えというケースさえ存在します。アメリカだけでなく日本でも、優秀なデータサイエンティストを確保するために、大学院生のインターンに100万円近い月給を払っている企業も存在します。

しかし、機械脳の時代に重宝されるのは何もデータサイエンティストだけではありません。機械脳の構築や活用は個人技ではなくチームスポーツですし、必要とされる人数規模でいえば、データサイエンスとビジネスの架け橋となれる人のほうがずっと多いのです。仕事を数年間休んで理系の大学院でコンピュータサイエンスを学び直さなくても、機械脳の時代に順応し、貢献できる人材になることは可能です。特に、データサイエンティストとどのように付き合っていくのがよいか、自分はどのようなリテラシーや考え方を身につける必要があるのかを知ることは、新しい舞台での皆さんの活躍の大きな助けになるでしょう。

筆者は、ビジネスとデータサイエンスの両方を扱い、多数のプロジェクトでその架け橋となる最前線に立ってきました。長年の経験の中には、力及ばず失敗してしまったものも含まれますが、それらを含め、多くのケースから見えてきた成功のためのエッセンスを、本書を通じて皆さんに届けられればと思っています。

本書を執筆するうえで多くのいわゆるビッグデータ関連本・ビジネス統計書籍・プログラミング指南書に目を通しましたが、センセーショナルな事例の表面を取り上げているだけだったり、特定の技術解説を深掘りするあまりビジネス場面が想像しにくいものであったりと、「これは」と思える本には出会えませんでした。要は、全体像が捉えにくく、自分に必要なアクションが見えないのです。

それに対して、本書はビジネス⇕サイエンス⇕テクノロジー、それぞれの側面をつなげて論じている点が最大の特徴です。本書が想定している読者は、

①統計学、コンピュータサイエンスの活用に直接的な責任を持っておられる方
②システムの導入や運用を担っておられる方
③ビジネスサイドで売上・利益への貢献を直接求められている方

そしてこれからそうなりたい方の全てです。

それぞれの立場から、「要は自分はどうすればよいのか？」という問いに答えられるものにす

るため、3つの側面のそれぞれを取り入れて、一気通貫して解説できたのではないかと自負しています。データをもっと上手に活用した組織を作りたい方、データ分析専門の部署が社内にできて間もない方にはまさにうってつけです。複数のメンバーが共通の言語・枠組みで話せるようになるだけで、組織の生産性は大幅に向上します。

本書では、データ競争時代の本質を見据えたうえでの、経営戦略、事業戦略、データ戦略を三位一体で捉えたストーリーを提供したいと思っています。

一気通貫して記載しているため、それぞれの担当に特化した、専門性の高い内容も含まれます。その場合は、専門的な点についてはこんな論点があるのだな、程度の理解でさしあたり十分です。実際のプロジェクトでいざその知識が必要になったときに思い出せさえすればよいので、斜め読みするだけで大丈夫です。

本書の構成

左記に、今までのコンサルティングやセミナーを通じて寄せられた質問のうち、頻度が高いものを取り上げ、本書で記載する答えを抜粋しました。

本書は章ごとにある程度独立して意味内容が通るようにしてあります。全体を通して読んでも、興味のある箇所からピックアップして読んでも問題ありません。そのため、各章の導入部分だけを見ると重複している部分があるのですが、ご容赦ください。

質問：「大まかに、機械学習でできるのはどんなことですか？」

↓可視化・分類・予測の3種類の判断ができます（第1章）。それぞれ第2章、第3章、第4章で事例を使って詳述します。

質問：「どんな会社が取り組んでいるのですか？　どんな会社が成功していますか？」

↓グーグルやアマゾンといったネット新興企業だけでなく、いわゆる重厚長大産業に属する企業や、中小企業やベンチャー、業界団体、政府・自治体、NPOなど、会社以外の組織も取り組んでいます。本書だけで世界中を網羅することはできませんが、可視化・分類・予測での取り組みが顕著なケースを複数取り上げて解説します（第2章〜第4章）。

質問：「うちはトップ企業のような資金力もなければ天才エンジニアもいませんが、データサイエンスへの取り組みは可能ですか？」

↓可能です。先述の通り、現時点での市場ポジション・資金力などと機械脳への取り組み可否は別問題です。大企業である必要はありません。むしろ本書では競争上劣位にあった企業が、データサイエンスによって起死回生を遂げた例をご紹介します。また、稀代の天才がいなくても問題ありません。むしろ、本書では一部のスーパータレントに依存しないチームアプローチを推薦します。どのような職種が必要なのか、また、実際どのような議論が現場でなされて作業が進むのか、第5章で解説します。

質問：「自分たちでデータサイエンスに取り組んでみたくても、何からどう手をつけてよいかわかりません。一から始められる手がかりやフレームワークを知りたいのですが」

↓ そうした方のために、ABCDEフレームワークを紹介します。また、個人としてデータを活用したプロジェクトと関わるときの工夫を整理します（第5章）。

質問：「正直、ビッグデータはベンダーの売り込み口上の感があります。データ量が増えてもそれが結果をもたらすとは限らないと思います。ベンダーに振り回されないようにするには、どうしたらいいですか？」

↓ 確かにそうした毛色の強い宣伝も目にします。データ量そのものが成果を決めるわけではないという考えも、まさにその通りです。自社にとって本質的な価値のある取り組みをおこないたいのであれば、データサイエンスを用いて解決したいビジネス課題を明確化することと、システム・モデルの原理を理解することが結局一番の近道です。複雑な数式やプログラミングがわからなくても原理の大部分は理解可能ですし、モデルごとのごく基本的な特徴を知れば、ベンダーの提案を正しく評価できるようになるでしょう（第5章）。

質問：「自分はプログラミングやコンピュータサイエンスの知識はないのですが、仕事はなくなりませんか？　活躍する余地はありますか？」

↓あると考えます。繰り返しになりますが、データサイエンティストよりも、ビジネスサイドをリードできる職種のほうが、必要とされる人数ははるかに多いのです。無論、新しい武器の運用・実践ノウハウを身につける最低限の学習は必要です。しかし、今から大学院に行き直さなければならないほどのものではありません。学習のエッセンスを紹介します（第6章）。

質問：「データサイエンスを勉強すれば、収入は上がりますか？」

↓残念ですがその考えは甘いと言わざるを得ません。確かに、データサイエンティストは圧倒的な供給不足状態です。そのため、当面の間は高収入を目指せる領域であることは確かでしょう。しかし、ビジネスサイド、エンジニアサイドとのコミュニケーション能力の乏しい単機能サイエンティストは、スキルアップして転職しても結局うまく活躍できず淘汰されています。そのため、データサイエンスを学んでも、その知識の価値を発揮させるためには、ビジネス、エンジニアリングを担うメンバーと共通言語で会話できる能力を身につける必要があります（第5章、第6章）。ビジネスにおけるデータサイエンスの活用は、一般的にイメージされているよりもはるかにチームプレイに近いものです。データサイエンスを身につけ、かつチームプレイができるようになれば収入が上がるか？　という問いであれば、はっきりイエスと言えます。

◇　◇

本書の中には耳の痛い正論や、不安を喚起しかねない内容も含まれますが、本質から目を背けず、筆者が今までの経験から正しいと信じる理由があるものを、読者の皆様にお伝えしようと思っています。データサイエンスに夢中になっている挑戦者たちの手によって、今までは実現し得なかったことが、毎日のように実現してきています。皆さんの挑戦とあるべき未来の実現を後押しできれば、筆者としてこれ以上の喜びはありません。

第1章

機械脳の解剖学

眠らないウサギの躍進は止まらない

イソップ童話の『ウサギとカメ』は、ウサギとカメがかけっこで競走することになり、自分の足の速さを過信したウサギが油断して休憩している間に、休まぬ歩みを続けたカメが勝利するという話でした。

童話のなかではウサギは油断して歩みを止めましたが、実際の企業間競争ではそうではありません。

本書で特に取り上げるのは、データを集約するプラットフォーム機能を持ち、そこで集まったデータから、アルゴリズムによって自律的・自動的に改善がおこなわれる仕組みを備えた企業群です。典型的には、躍進を続けるグーグル、アマゾンなどの企業がそれにあたります。そうした企業を、本書では「眠らないウサギ」と呼んでいます。

人と違って、アルゴリズムは疲れて眠ることもなければ、慢心して油断することもありません。また、近年のアルゴリズムや大量データ処理の進化を鑑みれば、インプットするデータ量が増えるほど、そのアウトプットの正確性が高まる傾向が顕著になっています。

たとえば、もし今あなたがこの文章をアマゾンの電子書籍端末で読んでいれば、あなたという人がいつ、どのページを、どの程度の時間、何度読んだか、どういうメモを付記しているのかが、アルゴリズムによって把握されることになります。書籍について検索しても、書籍を購入しても、感想を友達にGメールで送ったり、アマゾンに感想を投稿したりしても、それはアルゴリズムがあなたという人をより正確に知るために貢献していることになります。

その結果、たとえば「この本にも興味があるのではないですか？」というレコメンデーションや、広告表示のパーソナライズに結実するよう、プログラムが自動化されます。アマゾンの売上のうち、実に3割以上がこのパーソナライズされたオススメから来ており、近年はこれが35％程度まで向上しているとされます。[1]

序章では、アンセム、ポリフォニックＨＭＩ、エパゴギクスなどに言及し、データサイエンスの実用例を紹介しました。他にも、たとえば情報を扱う産業は古くからアルゴリズムの普及が進んできた領域です。メディア産業においては、新記事や紙面企画が新聞記者ではなくアルゴリズムによって書かれることが増えてきています。スタッツモンキー社は、野球のスコア記録から、自動的に記事が生成されて配信できるアルゴリズムを提供しています。株価ニュースにも同じような仕組みがあります。

次の文章は、スポーツ記事・株価レポートなどで自動作成したニュースを配信する米オートメイテッド・インサイト社による自動生成ウェブアクセスレポートの例です（和訳は筆者）。

1. ２０１１年のアマゾンから株主に向けた書簡〝Letters to shareholders〟、筆者による関係者への取材より。

「総括：当社不動産ウェブサイトへの2月の訪問者数は、1月比で大幅に向上（24・4％増）の79万2385件であった。（中略）本サイトの訪問者増と相関の高い指標は、参照ページ2つ、検索エンジン向けのランディングページ（/corporate/home.aspx）、有料配信広告のうちの1キーワード『チャペルヒル不動産』、7つのキャンペーンサイト、3つのSNSからのアクセスであった。」

企業内での分析レポートの作成や、ニュース記事の作成は業界についての詳しい知見や文章力が求められるもので、典型的なホワイトカラーの仕事だと思われてきました。しかし、こうした自動作成ツールは徐々に浸透してきています。米ヤフーのニュース欄に全てのフットボールについての記事を配信しているのもオートメイテッド・インサイトです。2013年に同社が配信した記事・レポート数は約3億本でした。これが2016年には約15億本にまで増えています。24時間・365日換算で、およそ1秒に1・6本のスピードで記事・レポートが量産されていることになります。これには、どんなに大人数の記者チームでも太刀打ちできないでしょう。

記事の作成だけでなく、決算情報のサマリーもあります。「日本経済新聞」は2017年の1月から、企業が開示する決算短信などから決算情報を抽出して自動で文章作成をおこなう「決算サマリー」というサービスを展開しています。また、ニュースのキュレーションも、昔は新聞社でたたき上げのデスクが徹夜で作業を仕切り、明け方前に輪転機が大量の紙面を吐き出すプロセスによって実現されてきましたが、今ではウェブサイト上のあなたのクリック履歴から、マスではなくあなた個人が好みそうな記事をキュレーションしてくれるサイトや、スマホアプリが数多くあります。

記事の内容そのものだけでなく、広告の提供の仕方も変わってきました。かつては人気テレビの広告枠を大手の代理店が一括で仕入れて、そこに大量の広告を投下することが必勝の経営戦略でしたが、今では無数に広がるインターネットメディアのなかで、リアルタイムで自社商品に最も親和性の高いユーザー層に限って広告配信することが当たり前になってきました。

「対岸の火事」と傍観していられる時代は終わった

ここで紹介したような情報産業・金融・広告以外の産業でも、これは「対岸の火事」ではありません。いまや、データを活用した企業間競争の土俵は、情報産業だけではないのです。

その第1の理由は、古くからある産業領域に、データサイエンスエコノミーで規模を拡大したたプレイヤーが、その圧倒的な資本や世界トップレベルのデータサイエンス活用能力をもって異種格闘技戦を仕掛けているためです。

直近では、２０１７年６月、ソフトバンクグループがグーグルの親会社のアルファベットからボストン・ダイナミクスを買収すると発表しました。ボストン・ダイナミクスはもともと米軍や米国国防高等研究計画局（ＤＡＲＰＡ）の支援を受け、人工知能とロボットの開発をおこなってきた企業です。

また、海外ではｅコマースの代表格であるアマゾンが、自然食品小売王手のホールフーズ・マーケットを買収しました。もともとアマゾンはキヴァ・システムズの大型買収（２０１２年３月）を皮切りに物流センターのオートメーション化を推し進めていることが知られていましたが、今やｅコマースだけにとどまらずレジ不要の完全自動小売店も備え、ホールフーズの店舗網を手に入れ、中国—アメリカの大型コンテナ船さえも手配する会社となりました。ちなみに、アマゾンのＲ＆Ｄ投資は約1兆５０００億円にもなります。日本の全ての企業のＲ＆Ｄ投資の合計が13兆円ほどですから、これはとてつもない規模です。[2]

グーグルもアマゾンと同様、年間にやはり同程度のＲ＆Ｄ投資をおこなっています。インターネット上のウェブサイトをダウンロードしてリンク情報をまとめていただけの同社が、今や自動車産業に参入し、すでに何万キロも自動運転車を走らせています（正確には、グーグルは自動運転車を作るわけではなく、その「運転手」を作っているわけですが）。[3]

グーグルは２０１３年以降だけでも、ロボティクス関連スタートアップ7社や、ｉＰｏｄの発

2. ２０１４年 アマゾンーＲ資料、２０１４年 総務省「科学技術研究調査」

3. https://www.neowin.net/news/google-were-not-building-self-driving-cars-were-building-the-driver

図表1-1　グーグルによる買収リストには、多くのロボティクス・ハードウェア企業（太字）が含まれる

買収年月	企業名	業種	国	買収企業名
2013/12/2	**SCHAFT, Inc.**	**Robotics,humanoid robots**	**JPN**	**Google X**
2013/12/3	**Industrial Perception**	**Robotic arms,computer vision**	**USA**	**Google X**
2013/12/4	**Redwood Robotics**	**Robotic arms**	**USA**	**Google X**
2013/12/5	**Meka Robotics**	**Robots**	**USA**	**Google X**
2013/12/6	**Holomni**	**Robotic wheels**	**USA**	**Google X**
2013/12/7	**Bot & Dolly**	**Robotic cameras**	**USA**	**Google X**
2013/12/8	**Autofuss**	**Ads and Design**	**USA**	**Google X**
2013/12/10	**Boston Dynamics**	**Robotics**	**USA**	**Google X**
2014/1/4	Bitspin	Timely App for Android	CHE	Android
2014/1/13	**Nest Labs, Inc**	**Home automation**	**USA**	**Google**
2014/1/15	Impermium	Internet security	USA	Google
2014/1/26	DeepMind Technologies	Artificial Intelligence	U　K	Google X
2014/2/16	SlickLogin	Internet Security	ISR	Google
2014/2/21	spider.io	Anti ad-fraud	U　K	DoubleClick, Adsense
2014/3/12	**GreenThrottle**	**Gadgets**	**USA**	**Android**
2014/4/14	**Titan Aerospace**	**High-altitude UAVs**	**USA**	**Project Loon**
2014/5/2	Rangespan	E-commerce	U　K	Google Shopping
2014/5/6	Adometry	Online advertising attribution	USA	Google
2014/5/7	Appetas	Restaurant website creation	USA	Google
2014/5/7	Stackdriver	Cloud computing	USA	Google Cloud
2014/5/7	MyEnergy	Online Utility Usage Monitor	USA	Nest Labs
2014/5/16	**Quest Visual**	**Augmented Reality**	**USA**	**Code Project,Google Translate**
2014/5/19	Divide	Device Manager	USA	Android
2014/6/10	Skybox Imaging	Satellite	USA	Google Maps,Project Loon
2014/6/19	mDialog	Online advertising	CAN	DoubleClick
2014/6/19	Alpental Technologies	Wireless Technology	USA	Google
2014/6/20	**Dropcam**	**Home Monitoring**	**USA**	**Nest Labs**
2014/6/25	Appurify	Mobile Device Cloud, Testing Services	USA	Google Cloud
2014/7/1	Songza	Music streaming	USA	Google Play,Android TV
2014/7/23	drawElements	Graphics compatibility testing	FIN	Android
2014/8/6	Emu	IM client		Google Hangouts,Google Now
2014/8/6	Director	Mobile video	USA	YouTube,Android
2014/8/17	**Jetpac**	**Artificial intelligence, image recognition**	**USA**	**Google X**
2014/8/23	Gecko Design	Design	USA	Google X
2014/8/26	Zync Render	Visual Effects Rendering	USA	Google Cloud Platform
2014/9/10	Lift Labs	Liftware	USA	Life sciences division of Google X
2014/9/11	Polar	Social Polling	USA	Google+
2014/10/21	Firebase	Data Synchronization	USA	Google Cloud Platform
2014/10/23	**Dark Blue Labs**	**Artificial Intelligence**	**U　K**	**Google DeepMind**
2014/10/23	**Vision Factory**	**Artificial Intelligence**	**U　K**	**Google DeepMind**
2014/10/24	**Revolv**	**Home Automation**	**USA**	**Nest Labs**
2014/11/19	RelativeWave	App Development	USA	Material Design
2014/12/17	Vidmaker	Video Editing	USA	YouTube
2015/2/4	Launchpad Toys	Child-friendly apps	USA	YouTube for Kids
2015/2/8	Odysee	Photo/video sharing & storage	USA	Google+
2015/2/23	Softcard	Mobile payments	USA	Google Wallet
2015/2/24	Red Hot Labs	App advertising and discovery	USA	Android
2015/4/16	**Thrive Audio**	**Surround sound technology**	**IRE**	**Google Cardboard**
2015/4/16	**Tilt Brush**	**3D Painting**	**USA**	**Google Cardboard**
2015/5/4	Timeful	Mobile software	USA	Google Inbox,Google Calendar
2015/7/21	**Pixate**	**Prototyping and Design**	**USA**	**Material Design**
2015/9/30	Jibe Mobile	Mobile Cloud Communications	USA	Android

出所：https://en.wikipedia.org/wiki/List_of_mergers_and_acquisitions_by_Alphabet より筆者加工

案者として有名なトニー・ファデルが率いる家庭用ハードウェアメーカー「ネスト・ラボ」（32億ドル）、人工知能開発のイギリスのスタートアップ（6・5億ドル）を買収し、オンラインだけでなくオフライン世界での足場を着実に固めています（図表1－1）。

フェイスブックは2013年12月にニューヨーク大学コンピュータサイエンス学科の教授であるヤン・ルカン氏を所長に招いた人工知能研究所を設立しました。

「対岸の火事」ではないと考える理由の第2は、既存の企業間でのアルゴリズム競争の過熱です。「自分が働いている産業は自動車産業ほど大きくないし、古い商慣習もあるし、グーグルやアマゾンに目をつけられることもないだろう。地殻変動はしばらく先では……」と思う方もおられるかもしれません。しかし、既存の「普通の産業」であっても、競合企業がデータサイエンスという新しい武器を活用して、これまでの戦い方を一変させてしまう可能性もあるのです。日本独自の商慣習があったとしても、規制で守られていたとしても、同じルールの中にいる同業他社が最新の、極めて強力なツールで武装した場合には、同業他社にとっては十分な脅威となるでしょう。

たとえばコマツ製作所は重厚長大産業の代表格ともいえる建築機材・重機メーカーですが、建機の遠隔管理システムをいち早く開発・実装し、競争を有利に進めてきました。KOMTRAX（コムトラックス）と呼ばれるこの仕組みにより、ユーザー企業や販売代理店は、それぞれの建機の所在地や稼働状況、部品の異常をリアルタイムで把握することが可能です。

このシステムの起源は、建機の盗難対策としてGPSを装備させたことでした。それが今では

図表1-2　**コムトラックスの制御表示：これにより工事現場だけでなく、離れた場所であってもインターネット経由で確認が可能**

表示アイコン	コーション名	内容	点検/整備
	冷却水オーバーヒート	エンジン稼働中にエンジン水温が異常に高くなり、水温モニタ表示が赤色レベルに表示されます ※エンジンの焼付き恐れがあります	・ローアイドルに回転ダウンをする ・冷却水量の点検 ・ラジエータなど目詰まり点検
	エンジンオイル油圧低下	エンジン稼働中にエンジン潤滑油が正常値以下になると赤色点灯します ※エンジンの焼付き恐れがあります	・エンジン停止 ・オイルレベル油量点検 ・センサ・ハーネス・コネクタ・モニタパネルの点検
	オルタネータ充電不良	エンジン稼働中にオルタネータからの発電信号が得られず、充電が正常に行われていないと赤色点灯します ※再始動不可の恐れがあります	・充電系統の点検 ・Vベルトゆるみ点検
	エンジンオイルレベル低下	エンジンオイルパンの油量低下、油量不足時に赤色点灯します ※異常連続は、エンジンの焼付き恐れがあります	・エンジン停止 ・オイルレベル油量点検、補給
	エアクリーナ・エレメント詰まり	エアクリーナ・エレメントに目詰まりが発生し信号が発生されると赤色点灯します ※エンジン損傷の恐れがあります	・エンジン停止 ・エアクリーナ点検・掃除 ・エレメントの交換
	冷却水レベル低下	エンジン稼働中にラジエータ冷却水位が低下すると赤色点灯します ※エンジンオーバーヒートの恐れがあります	・ラジエータサブタンク内冷却水点検、補給
	作動油オーバーヒート	エンジン稼働中に作動油温が異常に高くなると赤色点灯します ※エンジン・油圧機器損傷の恐れがあります	・ローアイドルに回転ダウンをする ・作動油クーラ・ラジエータ・アフタクーラ・エアコンデンサなど目詰まり点検
	トルコン・パワトレ油温オーバーヒート	エンジン稼働中にトルクコンバータ油温が異常に高くなり、モニタ表示が赤色レベルに入ると、警告ランプが点滅します	・エンジン停止 ・トルクコンバータ点検
	ブレーキ油圧低下	エンジン稼働中にブレーキ油圧が低下すると警告ランプが点滅し、ブザーが鳴ります	・エンジン停止 ・ブレーキ油圧回路を点検
	トランスミッションフィルタ目詰まり	エンジン稼働中にトランスミッションフィルタが目詰まりすると赤色点灯します	・エンジン停止 ・トランスミッションフィルタを点検
	燃料フィルタ水位	ウォータセパレータ内の水量が満水になると赤色点灯します	・エンジン停止 ・ウォータセパレータの水抜・点検

出所：コマツ建機販売 ホームページ

故障予測による代替パーツ調達や、車両ごとの燃料消費量の可視化・効率化提案に至るまで、多くの活動を可能にしています。インターネット企業でなくとも、データの活用余地はいくらでもありますし、データを武器として正しく活用することで、業界地図が一変した例も珍しくありません。

これはB to B産業でも、B to C産業でも同様です。たとえば職人芸の極みと思われる日本酒の洗米・浸漬《しんし》・麹造り・醪《もろみ》造りといった製造過程にも、データを活かすことができるという事例があります。

60年以上の歴史を持つ旭酒造は、日米会談で安倍総理がオバマ大統領にお土産として渡した「獺祭《だっさい》」ブランドで有名ですが、日本酒醸造に欠かせないといわれる杜氏や蔵人を置いていません。その代わり、10年以上のデータ分析結果から、洗米後の水分吸収割合や仕込み時の温度も小数点以下の精度で管理するなど、データを用いた高度な管理をおこなっています。歴史のある酒類製造業でもデータを活用した成功例が出てきているなか、「自分が働いている業界は古い業界だからまだ先だ」と言い切るのはかなり非現実的になってきていると感じるのではないでしょうか。

政治の世界では、2012年のアメリカ大統領選挙の結果予想が有名です。元は野球のスコアラーであった統計家のネイト・シルバーが全米50州におけ

図表1-3　**ネイト・シルバーによる米大統領選挙の予測（左）と実際の結果（右）**

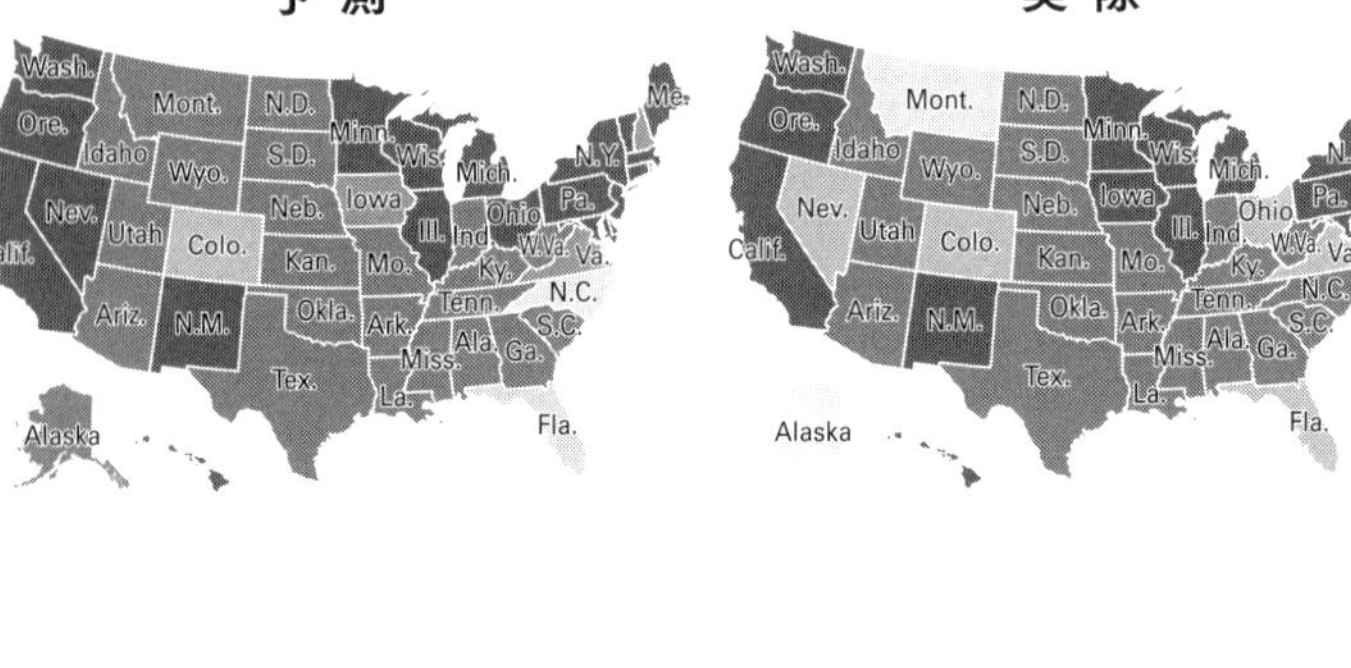

出所: https://twitter.com/cosentino/status/266042007758200832 より著者作成

る選挙結果をほぼ完璧に的中させたのです（図表1－3）。この結果は、高名な政治学者や社会学者が予想を多く外すなか、彼らに比べれば政治の中身に明るくないはずのシルバーがほぼ完璧な予測をしたため、特にセンセーショナルに受け止められました（ちなみにシルバーは、2016年の大統領選挙では当選者自体は外したものの、トランプの勝率を他のどのメディアよりも高く推定していました）。

行政領域では、求職者への支援方法として何がどの程度効果的か、無作為抽出と回帰分析を組み合わせた費用対効果の定量化がアメリカの多くの州でおこなわれています。メキシコでも、貧困撲滅のための無作為抽出と回帰分析がおこなわれ、現金補助や、貧困家庭における出生前診療、栄養状態モニタリングなどがどれほど教育や健康面の改善に貢献するか、評価されています。

ヨーロッパの大手スーパーのテスコは、ダンハン

図表1-4　**ダンハンビーによる店内広告の特許**

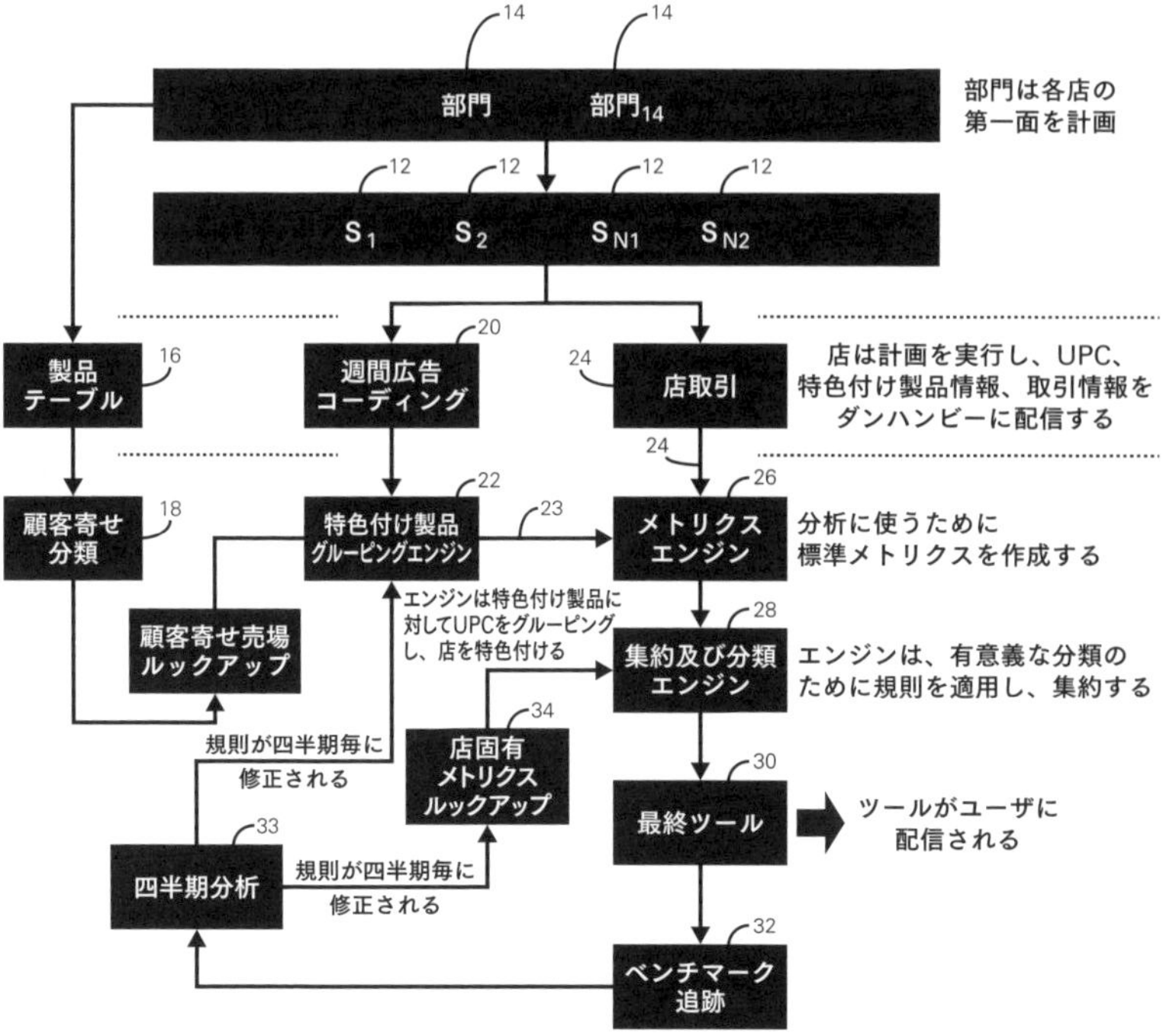

出所：特許公開2007－317209　小売業者のための店内広告の計画及び評価方法

ビーというマーケティング分析子会社を持っています。ダンハンビーは日本に進出するために、「スーパー内で顧客のカゴの中身をサーバーに送り、判別して広告を出し分ける特許」（図表1－4）を取得しています。テスコは以前より購買者のデータを仕入れ・値付けやDMに活用してきていましたから、データの活用方法の1つとして「店に来る前に広告するだけでなく、店の中でもその人に合わせた広告をしよう」という発想でしょう。

この仕組みにより、ダンハンビーは次のような問いに対して、データから読み取れる答えを提供しています。

【ダンハンビーがクライアントに提供する洞察】

「どのセグメントの顧客が高いパフォーマンスを出しているのか？　さらにパフォーマンスを上げるためにはどうすればよいのか？」
「メールクーポンへ反応しているのは、どのセグメントの顧客か？」
「どの顧客が、どのようなプロモーションを好むのか？」
「今の店舗の商品構成や価格は、どの顧客のニーズを満たしていて、どの顧客を満たしていないのか？」

こうした分析は、何もグーグルやアマゾンからの参入の脅威がない業界であったとしても、いくらでも活用できます。グーグルが参入するかどうかに関係なく、既存企業間でデータ競争が起こっているのです。

必須教養としてのデータサイエンス

これらの例を見ると、機械脳ができることの多様性に思わず目を見張ります。さらに他にも、図表1−5のように、病気の診断、国際訴訟、アーティストの発掘といったケース・バイ・ケースの判断が膨大に要求されることや、「人間らしい」と思える音楽性・芸術性判断をおこなうまでに、機械脳は進化してきています。

個人としての働き方やキャリア選択においても、データサイエンスのリテラシーがさらに求められるようになります。エンジニアリングしかやってこなかったチームメンバーとどのように接するとよいのか、自分はどのようにして新しい武器を使った仕事で会社や社会に貢献できるのか、今後自分の市場価値を高められる技能や経験は何なのか、といった類の問いが決定的に重要になります。しかし、会社が答えを用意してくれるわけではありません。自ら機械脳の本質を理解し、自分で考える必要があります。

図表1-5　**機械脳ができることのその他の例**

企業	分野	内容
アンセム社	疾病の診断	医師がおこなってきた診断をアルゴリズムが支援。機械による診断結果の正確性が人間を上回る領域が出てきている。
フロンテオ社	訴訟における証拠レビュー	多数の法曹資格者が数週間集まる必要があったレビューを機械が代替。
ポリフォニックHMI社	音楽アーティストの発掘	大ヒットする可能性が高いアーティストを、無数のデモテープの音楽パターンから機械が発掘。

機械脳の本質を、データサイエンスの複雑な数式や、プログラミング抜きに理解するのは一見無謀なことのように思えます。しかし、目標の到達地点を「仕事でなんとか使える」、「データサイエンティストのチームメンバーも含めて話ができるだけの基礎知識を獲得する」などに据えれば、これは決して不可能ではありません。

次節より、機械脳がどんな働きを持っているのか、どのように作るのか、運用はどんなものなのか、順を追って説明していきます。

機械脳ができるたった3種類のこと

「Any sufficiently advanced technology is indistinguishable from magic.（高度に発達した技術は、魔法と見分けがつかない）」というアーサー・C・クラークの言葉があります。車が自分で考えて走ったり、音楽のプロでも気づかないヒット曲を見つけ出したり、データサイエンスによる成果はまるで魔法です。

しかし機械脳がおこなっている処理は、実は3種類しかありません。「可視化する」「分類する」「予測する」の3つです。一見魔法のような機械脳の働きも、この3つの組み合わせでしかないのです。

①可視化する……人間が感覚的に把握できる形式に、データを加工・翻訳する機能（第2章で詳述。可視化する処理そのものに、狭い意味での「機械学習アルゴリズム」が現在多用されているわけではありませんが、機械脳の機能向上によって実現できるものの基礎として取り上げています）

②分類する……同じ性質を持つものと、そうでないものに区別する機能（第3章で詳述）

③予測する……過去のできごとから、将来どうなる可能性が高いか推計する機能（第4章で詳述）

それぞれの機能を実現するときに、どのようなアルゴリズムを使い、どんなことに注意するとよいのかは詳述する章にゆずるとして、ここではまず各機能の概要を解説します。厳密には機械学習の手法を使用していないものもありますが、ここではイメージがつきやすいよう、特徴的な例をあげていきましょう。

① 可視化する

例として、「急ブレーキマップ」の事例を見てみましょう。本田技研工業（ホンダ）と埼玉県の取り組みが有名です。図表1－6は、カーナビのデータから急ブレーキが多い場所を示したものです。上の表の数字の羅列だけを見て解釈するのは困難ですが、下の図のように地図とブレーキが多い場所・方向を重ねると、どこに注意喚起の道路標識を出せばよいか、人が目で見て理解することができるようになります。まだ図表1－6には道路標識の結果急ブレーキや事故がどのように減ったかが示されていませんが、将来は日本の全ての道路における事故発生確率や、道路標識を出せば確率がどう下がるかも可視化できるでしょう（この事例の詳細は第2章で解説します）。

他にもあります。たとえばストレススキャン社による「ストレススキャン」アプリは、人の心の状態を可視化しています（図表1－7）。本来精神の状態は目に見えるものではありませんが、HRV[4]（心拍変動）解析という手法を用いれば交感神経と副交感神経のどちらが優位であるかを、心拍の変動から算出することができます。交感神経が優位であれば高ストレス状態というわけです。

人類の疾病との戦いの歴史においては、長らく外傷や感染症といった、私達の外にある原因が

4. Heart Rate Variability

5. http://www.who.int/healthinfo/global_burden_disease/GBD_report_2004update_part4.pdf

図表1-6 **ホンダと埼玉県による取り組み**

データ（可視化処理前）

急ブレーキ発生時に記録される情報

経度	緯度	方位	減速度	発生日時
139.791919	35.848056	15	0.39	200810010716
139.829072	35.771850	8	0.35	200810010722
139.751103	35.775389	3	0.35	200810010823
139.509217	35.766717	14	0.35	200810010823
139.585658	35.788028	5	0.38	200810010833
139.594033	35.795375	7	0.35	200810010900
139.649906	35.832475	15	0.35	200810010927
139.597803	35.772211	4	0.36	200810011006
139.623228	35.768886	8	0.37	200810011016
139.516044	35.750731	2	0.35	200810011100
139.819758	35.795061	4	0.37	200810011103
139.680675	35.763903	15	0.35	200810011129

出所：埼玉県 県土整備部 道路政策課（道路行政セミナー 2011年5月）

可視化処理後

地図上にインターナビによる急ブレーキ多発箇所を重ねたもの

出所：埼玉県 県土整備部 道路政策課（道路行政セミナー 2011年5月）

敵でした。しかし近年はそれが変わりつつあります。ＷＨＯによる２０３０年の予測[5]は、あらゆる疾病や障害を上回り、うつ病こそが人類に損失を与える最大要因としています。病原菌については、培養や顕微鏡による観察といった可視化技術の発明によって、人類の疾病に対する戦いは大きく前進しました。ＨＲＶ解析はそのストレス版といえるでしょう。

② 分類する

分類のわかりやすい例は、「迷惑メールフィルタ」です。過去に迷惑メールだと判断されたものの特徴と、迷惑メールではないと判断されたものの特徴を比べ、たとえば「激安・無料」「出会い」などが含まれる、「セキュリティレベルの低いドメインへのリンクが含まれる」「特定のメールアドレスから発信されている」などの情報から、迷惑メールかどうかを分類するものです。これらの仕分けのルールは、１つ１つ人間が作っているわけではありません。迷惑メールと過去に判断されたものが持っている特徴を、迷惑メールと判断されなかった群と比較し、人がメールボックスを見て迷惑メールのフラグを付けるたびに、機械がそれを学習して自己修正しているのです（図表

図表1-7　「ストレススキャン」の画面

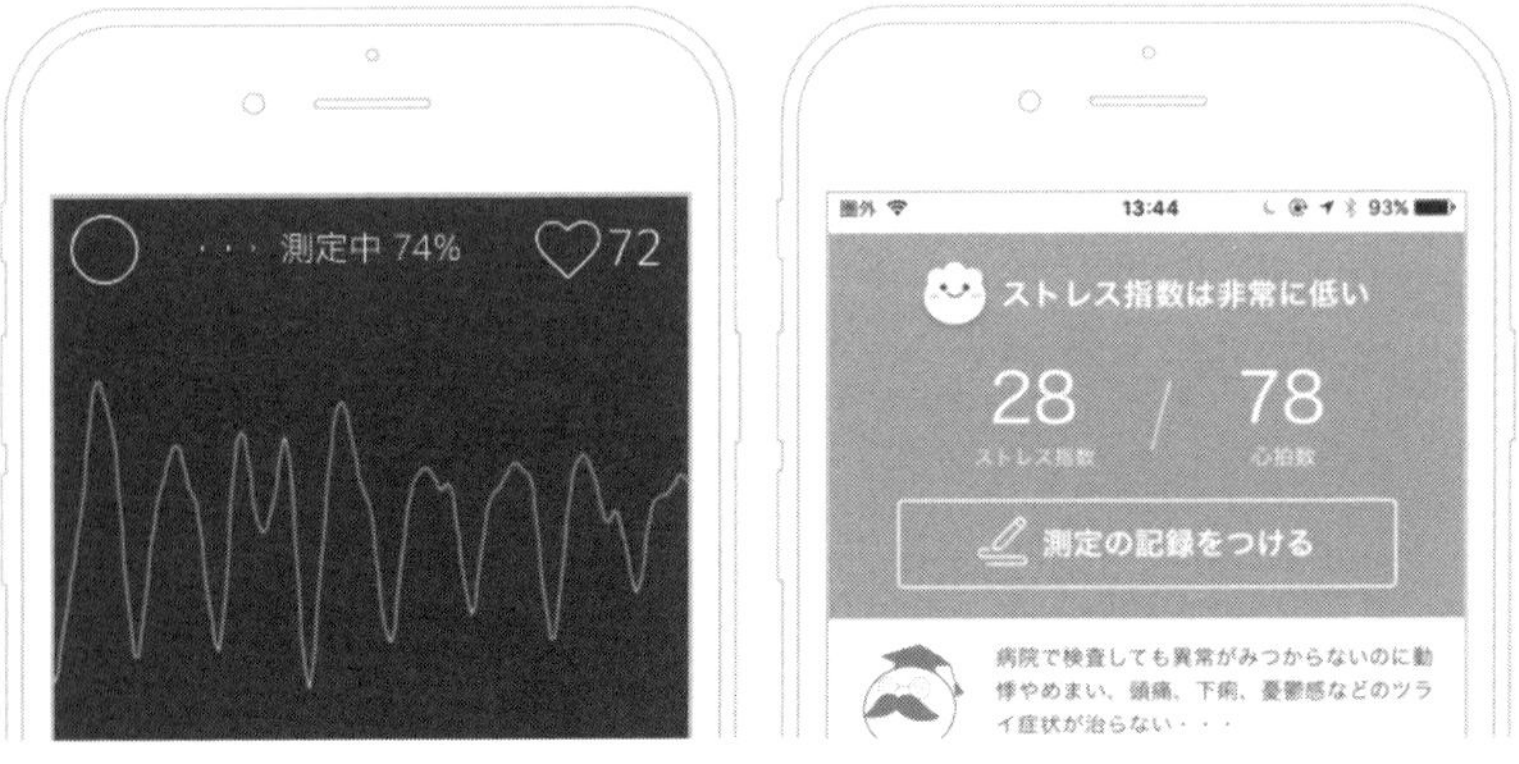

出所：「ストレススキャン」ウェブサイト

1－8）。

昔の迷惑メールフィルタは、こうしたルールづくりを人間が手作業でやっていました。これは、「このリストにある単語が含まれていたら迷惑メールと認定」というルールを積み重ねる方法ですが、たとえば「breast」（胸）という単語を弾くというルールを作ったら、「breast cancer」（乳ガン）についてのメールが届かなくなる、など人の労力がかかる割に不都合が多かったのです。

③ 予測する

予測は、たとえば作物の収穫予測で活用されています。2013年にモンサントに買収されたクライメート・コーポレーションは、日光量・気温・湿度・風向きなど、天候に関するあらゆる情報から天候を予測し、農家に対して肥料・水・農薬の必要量・タイミングを提案します。そうすることで、伝染病による生産量の減少が発生してしまう前に、対策を講じることができるようになったり、肥料の種類・量・タイミングが最適化できたりする、というわけです。

図表1-8　機械脳が迷惑メールを学習していく仕組み

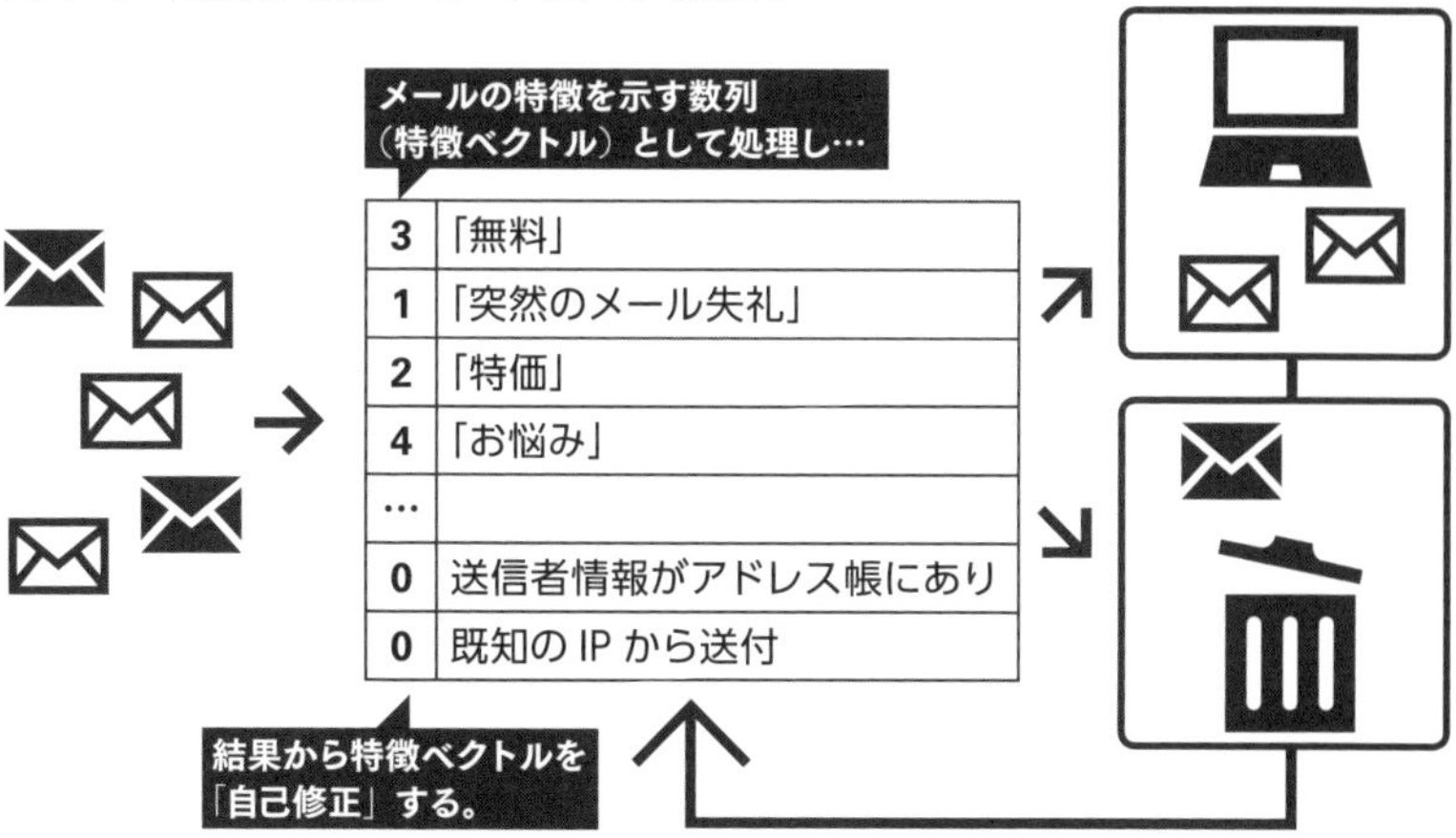

メールの特徴を示す数列（特徴ベクトル）として処理し…	
3	「無料」
1	「突然のメール失礼」
2	「特価」
4	「お悩み」
…	
0	送信者情報がアドレス帳にあり
0	既知のIPから送付

結果から特徴ベクトルを「自己修正」する。

クライメート・コーポレーションによると、1エーカーあたりわずか15ドルの投資で、100ドル分の利益増が見込める、との触れ込みです。さらに同社は天候予測に加えて天候保険商品まで提供する徹底ぶりです。当然予測は完璧ではありませんが、収穫結果がわかれば機械脳がそれを学習し、自己修正することで精度は上がっていきます。結果、科学的な農作物管理を可能にしています。

組み合わせる

もっと高度に見えるものも、「可視化する」「分類する」「予測する」の組み合わせで作ることができます。たとえばグーグルによる自動車の自動運転を見てみましょう。

グーグルの自動運転車両は文字通り、人が運転しなくても、機械が自動で運転してくれる車です。2012年時点でアメリカの複数州の公道計50万km以上を無事故で走破し[6]、2013年末でネバダ州・フロリダ州・カリフォルニア州・ミシガン州の4州が無人運転自動車を許可する法律を公布しまし

図表1-9　クライメート・コーポレーションによる天候予測

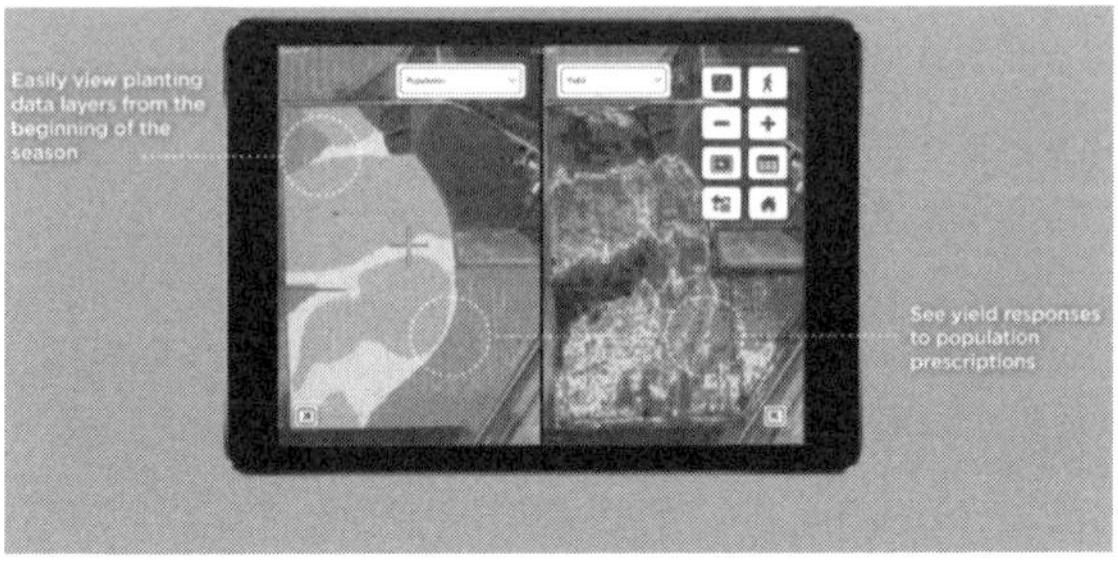

出所:クライメート・コーポレーション ウェブサイト

6. 厳密に言うと「無事故」ではなく、何度か事故がありました。しかしいずれもグーグル・カーを人間が運転しているときのものでした。

た。２０１７年現在、累計走行距離は３００万km以上に達しています。

運転手が寝ていても目的地に連れて行ってくれるこの車は未来そのものですが、仕組みは可視化・分類・予測で構成されています。

まず可視化です。グーグル・カーにはさまざまなセンサーが搭載されています。その中でも最も重要なのが屋根上に搭載されているレーダーです。これは各センサーの心臓部とも呼べるものであり、１２０m先の車両や木の挙動情報までキャッチすることができます。他にも前・横・後にある距離センサー、前面カメラ等により自車両を取り巻く環境を可視化します。可視化といっても、今回の場合は人間がその結果を解釈する必要がないため、厳密には順応操縦システム（Adaptive Cruise System）と呼ばれる処理エンジンに各センサーからの情報を提供します。

次のステップはこうしたセンサーから集約した情

図表1-10　**グーグルによる自動運転車**

出所：Driving_Google_Self-Driving_Car.jpg: Steve Jurvetson derivative work: Mariordo [CC-BY-2.0 (http://creativecommons.org/licenses/by/2.0)], via Wikimedia Commons

報の分類です。分類するといっても、要は安全に走行するための制御をおこなうことが目的ですから、一定距離以内に走行する大きな物体があれば「要注意対象」と分類し、停止しているものやサイズが極めて小さいものは注意レベルを下げてよいもの、と分類すれば、それ以上の細かい分類はひとまずは不要でしょう（周囲の車の車種や色など）。

しかし、人間が全ての場合分けについて指示を書き出すのは不可能です。赤信号で止まっている車は非「要注意対象」としてよいでしょうか。ほとんどの場合はそうですが、信号無視をする車もあるかもしれません。ここで公道上でのテストが役に立ちます。止まっている状態から急に動き出すような注意が必要なものは何かを、網羅的に人間が書き出すことはできませんが、300万㎞ほど公道を走らせれば、機械自身がいろいろ学ぶというわけです。

最後は予測です。ここでも人による網羅的なケースの書き出しではなく、機械学習が活躍します。「前方何メートル以内に、身長何センチ以上の小動物が存在し、かつ、後続車両がどの速度で何メートルまで迫っていたら、加速度何々で減速する」、などを書ききるのは不可能だからです。

そこで、長い距離を走り、安全に走行するケースを蓄積することで、機械に自己プログラミングをおこなわせます。

図表1-11　**グーグルの自動運転車上部に搭載されているレーザー観測機（ヴェロダイン、HDL-64E）による視界再現**

出所：ヴェロダイン 製品カタログより

グーグルが今おこなっているのは、公道上での学習から一歩先を行き、コンピュータ上でカリフォルニア州の公道を再現したシミュレーターを用意し、そこをグーグル・カーの順応操縦システムで繰り返し実験をさせることです。公道上は言うまでもなくシミュレーター上ではない現実世界ですから、一定の距離を走らせるためにかかる時間に物理的な制約がかかってしまいます。しかしシミュレーター上であれば、公道上で何年もかけて蓄積するデータがわずか数分でできてしまいます。また、何をすれば事故が起きてしまうか、という現実では試してはいけない限界点を検証できることも、バーチャルな実験環境ならではの利点です。2016年の1年間だけでも、グーグルは約16億㎞のバーチャル走行をしています。7.

このように、一見複雑な機械脳も、実は可視化・分類・予測というシンプルに機能分解できることがご理解いただけたでしょうか。

次章から、可視化・分類・予測の実際を見ていきます。

7. https://waymo.com/journey/

第2章

可視化する機械脳

本章では可視化する機械脳について論じます。第3章では「分類」、第4章では「予測」を取り上げますが、「可視化」はそういった応用的な利用の基礎になる重要な部分です。可視化することができなければ、分類にも予測にもたどり着けません。

予測・分類といった高度な機械脳が仮に必要ないとしても、それ以前に「今何が起こっているのか」を知るために「見える化」は必要です。工場での生産工程管理に関わったことがある方であれば、センサーなしに生産管理をすることなど考えられないでしょう。スマホの電池残量、体重計に温度計、物差しなど、日常生活にも「見える化」のための仕組みがあふれています。

さて、このように「見える化」自体はすでに一般的なものですが、本章であえて可視化を取り上げることには理由があります。「分類」「予測」という応用編の前に理解しておくべき基本が「可視化」にあるからという側面もありますが、もう1つは電流計・秤・温度計・物差しといった、センサーで直接的に測定可能なもの以外であっても扱える、という意外性を感じていただきたいためです。

たとえば日曜大工をしていて「危ない！」と思った瞬間、気心の知れたメンバーと一緒に仕事をしていて「いい雰囲気だな」「楽しいな」と感じるとき、逆に、仕事に行くのが「憂鬱だ」「今日は元気が出ない」とふさぎ込んでしまう日、こうした心理状態や感情が可視化されることを想像できるでしょうか？

一見して、こうしたものを「測定」するのは難しいのではないかと思えます。物理を扱うセンサーの出る幕ではないように思えるためです。しかし、こうした心理状態も、何らかの兆候を示す対象物を見つけることで物理量として可視化することができます。また、機械学習のアルゴリズムを使うことで、より微かな兆候を見つけたり、膨大な情報の中からヒントを見つけることが容易になります。

これは本章では詳述しませんが、たとえばツイッターの投稿状況やウィキペディアの編集履歴から、特定の会社に対して世間が持つ「印象」を可視化できます。実利的な応用例としては、企業の株価が反応する前にその企業が持たれている印象を可視化し、トレーダーに情報を販売するサービスがあります。これはインターネット上の書き込みに含まれる表情アイコンや感情表現、文章のポジティブ・ネガティブ表現といった膨大な情報を機械自身が学習するのでなければ実現は到底不可能です。インターネット上のすべての言葉をどう判断するか、あらかじめ書き尽くせるプログラムなど存在しないためです。

本章が、みなさん自身が可視化したいものへの着想と、どうすれば可視化できるかのヒントになるはずです。

ケース01 本田技研工業：インターナビ

ホンダはなぜ車をセンサーにしたのか？

前章でも取り上げた本田技研工業（ホンダ）のインターナビを詳しく見ていきましょう。インターナビは、2003年から提供が開始されたデータサービスで、インターナビが搭載された車から各種のデータを取得・蓄積し、渋滞回避や路面状況をカーナビ画面に表示するなど、ユーザーに提供するシステムです。

通常のカーナビでも、VICS情報（一般財団法人道路交通情報通信システムセンターによる、道路交通情報通信システム Vehicle Information and Communication System）によって渋滞情報や工事情報等を知ることはできますが、インターナビではこれらに加え、車自体がセンサーとなって走行しながら集める情報が追加されることが大きな特徴です。2013年6月時点で56億km、地球約14万周分に相当する走行データを蓄積しているそうです。[1]

VICSに交通情報が含まれているのに、なぜ車をセンサーにする必要があったのでしょう

1. 本田技研工業ホームページ

か？　その最大のメリットは、捕捉できる情報の網目を細かくできることです。ＶＩＣＳは主要な幹線道路・高速道路しか対応していませんが、車自体がセンサーになっていれば、その車が通った道の情報を捕捉することができます。また、ＶＩＣＳとは異なり、個別の車の位置・時間・速度を捕捉することで、たとえば車線ごとの状態状況の違いもわかりますし、拠点間の平均移動時間を測定すれば、到着時刻予測もより正確に算出することもできるでしょう。

車の流れをマクロでしか捕捉できない方法に比べて、ミクロの車の流れを捕捉するインターナビの利点が端的に現れているケースが、道路行政への利用です。インターナビを搭載した車が急ブレーキを踏むと、①減速開始地点の場所、②車両の進行方向、③急ブレーキの強さを示す減速度、④発生日時の４つの情報がサーバーに送信されます。

全ての急ブレーキについてこの情報を蓄積すれば、急ブレーキの多発地帯を特定できるようになります。埼玉県はホンダと提携し、そうした危険箇所の特定を網羅的・定量的におこなう取り組みを２００７年から開始しました。地図上に設定した50ｍ四方のメッシュ内において、同一方向の急ブレーキが５回以上発生した箇所を「急ブレーキ多発箇所」と定義し、特定箇所の現場

図表2-1　**急ブレーキ発生時に記録される情報（図表1-6再掲）**

経度	緯度	方位	減速度	発生日時
139.791919	35.848056	15	0.39	200810010716
139.829072	35.771850	8	0.35	200810010722
139.751103	35.775389	3	0.35	200810010823
139.509217	35.766717	14	0.35	200810010823
139.585658	35.788028	5	0.38	200810010833
139.594033	35.795375	7	0.35	200810010900
139.649906	35.832475	15	0.35	200810010927
139.597803	35.772211	4	0.36	200810011006
139.623228	35.768886	8	0.37	200810011016
139.516044	35.750731	2	0.35	200810011100
139.819758	35.795061	4	0.37	200810011103
139.680675	35.763903	15	0.35	200810011129

出所：埼玉県 県土整備部 道路政策課（道路行政セミナー 2011年5月）

調査をおこないました。実際に足を運ぶと、次のような発生原因が抽出されたと報告されています。

・スピードを出しやすい道路構造（多車線路線、長い直線など）
・見通しの悪いカーブ（カーブの先の交差点など）
・交差道路が街路樹や植樹の陰となっていて見通しが悪い
・立体交差後の合流部や交差点
・複雑な形状の交差点（立体交差、五差路など）

こうしたデータがなければ、実際に事故が起こってしまってから事後対策を講じたり、発生予測をするにしても人海戦術になって、高コストと長い調査時間を受け入れなければならなかったりと、さまざまな不便があったはずです。

このように、網羅的に可視化された急ブレーキ多発箇所に実地調査を組み合わせて対策を講じ、2007年から2011年までの間で危険箇所での人身事故の発生を2割減らす成果をあげたと報告されています（図表2−2）。

元のデータは数値の羅列で、このまま人が見て解釈することは困難です。人が解釈しやすい形に加工表現することを、「データ可視化・データ見える化」と呼びます。データの可視化方法に

図表2-2　**インターナビによる急ブレーキ多発箇所の可視化と、改善取り組み**

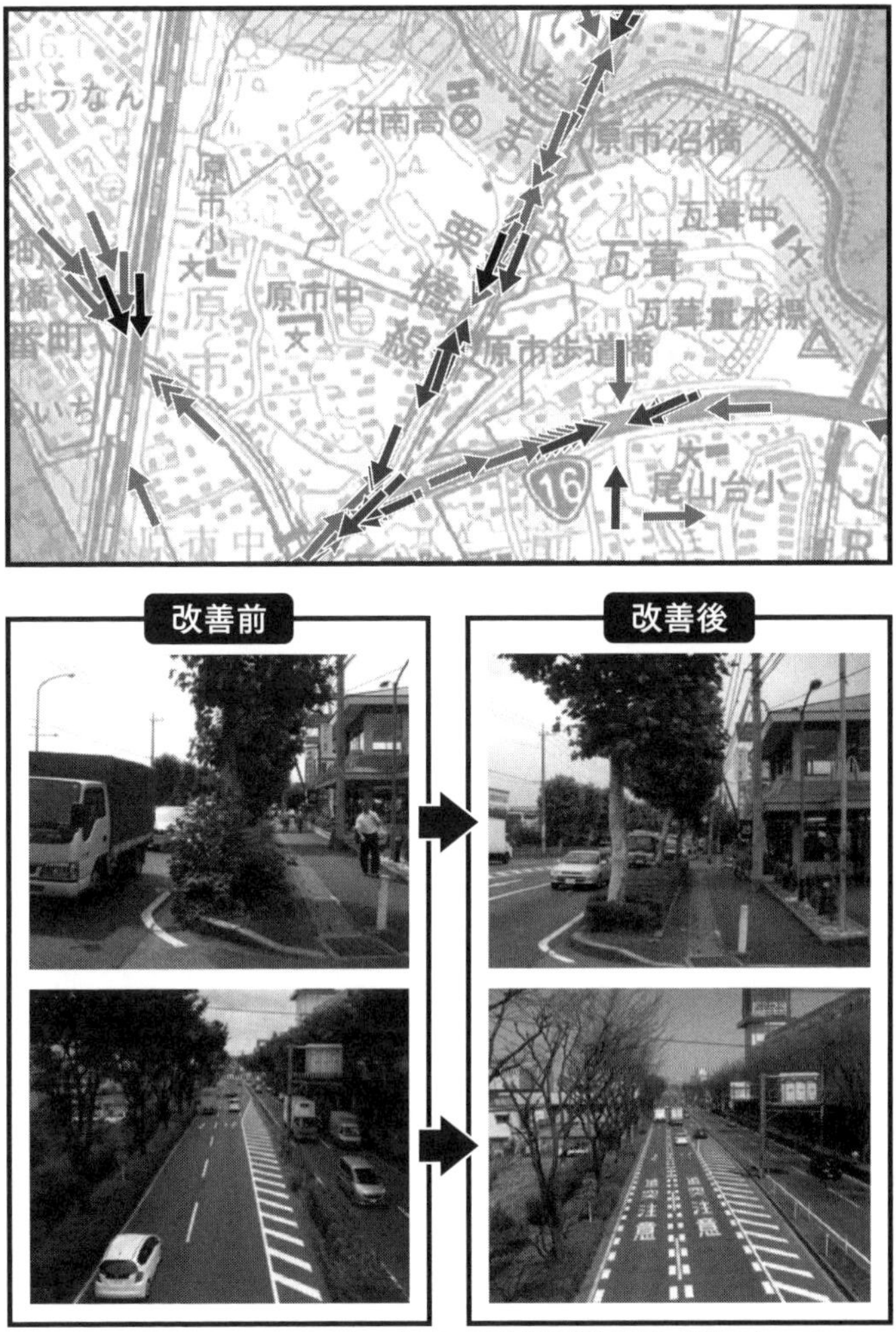

出所: 埼玉県 県土整備部 道路政策課（道路行政セミナー 2011年5月）

上：街路樹の剪定で、左折時の見通しを改善した。
下：減速路面標示を設置した。

はさまざまなものがあります。今回紹介しているホンダの例では、車から得られたデータを地図に重ね合わせる「マッピング」という可視化手法が利用されています。

またホンダはデータを可視化するだけではなく、カーナビの音声システムを通してドライバーに情報を伝えています。そのためには、「集まったデータの分析」「分析結果を個々の車に送信」「結果を文章に変換し音声で伝える」という段階で、データを活用しています。後半の2つのステップは、データ分析の分野とは違う技術が利用されていますが、データがどのように活用されるかは、データ活用に携わる人は知っておかなくてはなりません。分析した結果のアウトプットの仕方をすり合わせる必要があるからです。

たとえば自治体に販売する急ブレーキのデータを作る場合は、各交差点での急ブレーキ回数を集計します。そのデータをそのままカーナビに送信すれば、「この交差点は急ブレーキが多いです。気をつけてください」とドライバーに伝えてくれます。同じデータを地図上にプロットし、急ブレーキの回数が多い場所を赤く表示すると、マップ上でデータの可視化ができるのです。同じデータですが、使い方は1つに限る必要はありません。

データの加工以前に大切な、データを選ぶセンス

この可視化の取り組みは、皆さんがデータの可視化を考えるうえで、可視化の工夫以外にどう

いう示唆を与えてくれるのでしょう？

１つの視点ですが、このサービス開発者の慧眼《けいがん》は「可視化したい現象を、今までにはないデータによって実現する工夫をしたこと」にあると考えます。どの交差点が危ないか教えてほしい、と会社から指示されたら、普通は交通事故の統計にあたることを考えるでしょう。もう事故が起こっているのですから、確かに「どの交差点が危ないか」という問いに答えられます。しかし、車載加速度センサーのデータに着目してもよいのです。交通事故が多発している場所は、交通事故に近い急ブレーキでいわゆる「ヒヤリ・ハット」が発生しているはずで、ブレーキの経度・緯度・方位・減速度のデータを使用すれば、資料室で昔のファイルを掘り起こさなくても事足ります。

データの可視化の実務においては、「見やすく加工する」工夫の前に、「**そもそもどのデータに着目するか**」が大切です。この後に紹介するコマツの例でも、象印の例でも、日立製作所の例でも、これは共通しています。とにかく今あるデータをきちっと整理して出す、という姿勢は真面目で好感をもたれやすいのですが、時として視野狭窄をまねきます。

取得・利用できるデータは常に増大しています。今まではなかったデータが買えるようになった、ツイッターなど民間企業が自家保有のデータを販売するようになった、センサーの価格が革命的に安くなった、センサーデバイスの小型化と電池の性能向上でセンサーが大量に使えるようになったなど、データを取り巻く環境は変化しています。

頻繁に立ち止まり、

「今のデータで良いのか？」

「データ量、精度は必要十分か？」

「近接指標となるデータはないか？」

「より効率的なデータソースを作れないか？」

「別のデータを買うことはできないか？」

など、考えてみるとよいでしょう。


マイルストーンとして、定期的にチームで振り返る場をプロジェクトの開始時に設けてしまうのも効果的です。こうした工夫は見過ごされがちですが、データGM（第6章で詳述）の重要な段取りスキルの1つです。

ケース02　コマツ製作所：コムトラックス

コムトラックスの革新性

次に取り上げるケースは、第1章でも言及したコマツ製作所（コマツ）によるKOMTRAX

図表2-3　**コムトラックスの仕組み：センサー・通信端末により車両データを送信する**

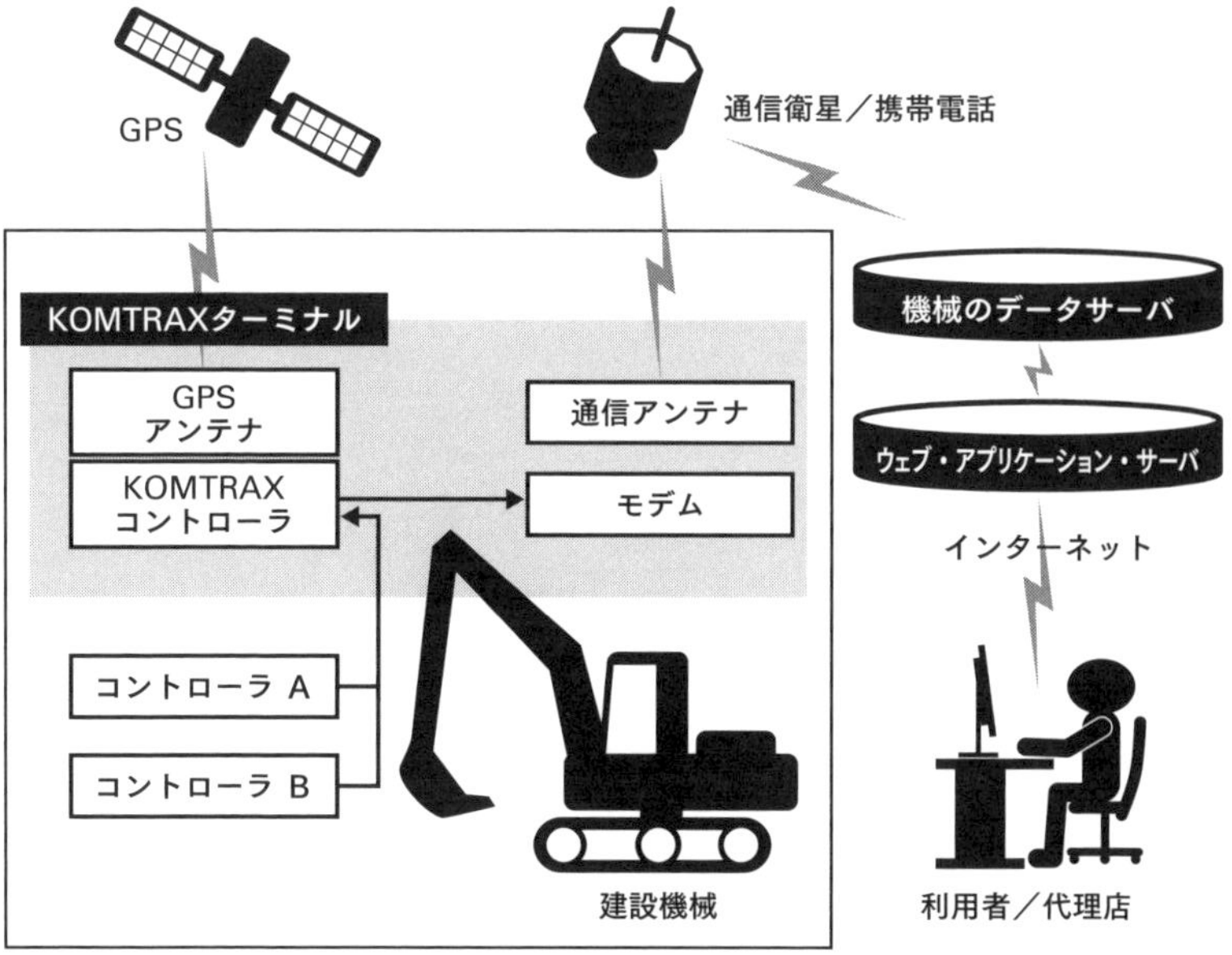

出所：コマツ建機販売株式会社 ホームページをもとに筆者作成

図表2-4　**コムトラックスによる、車両の現在位置の把握**

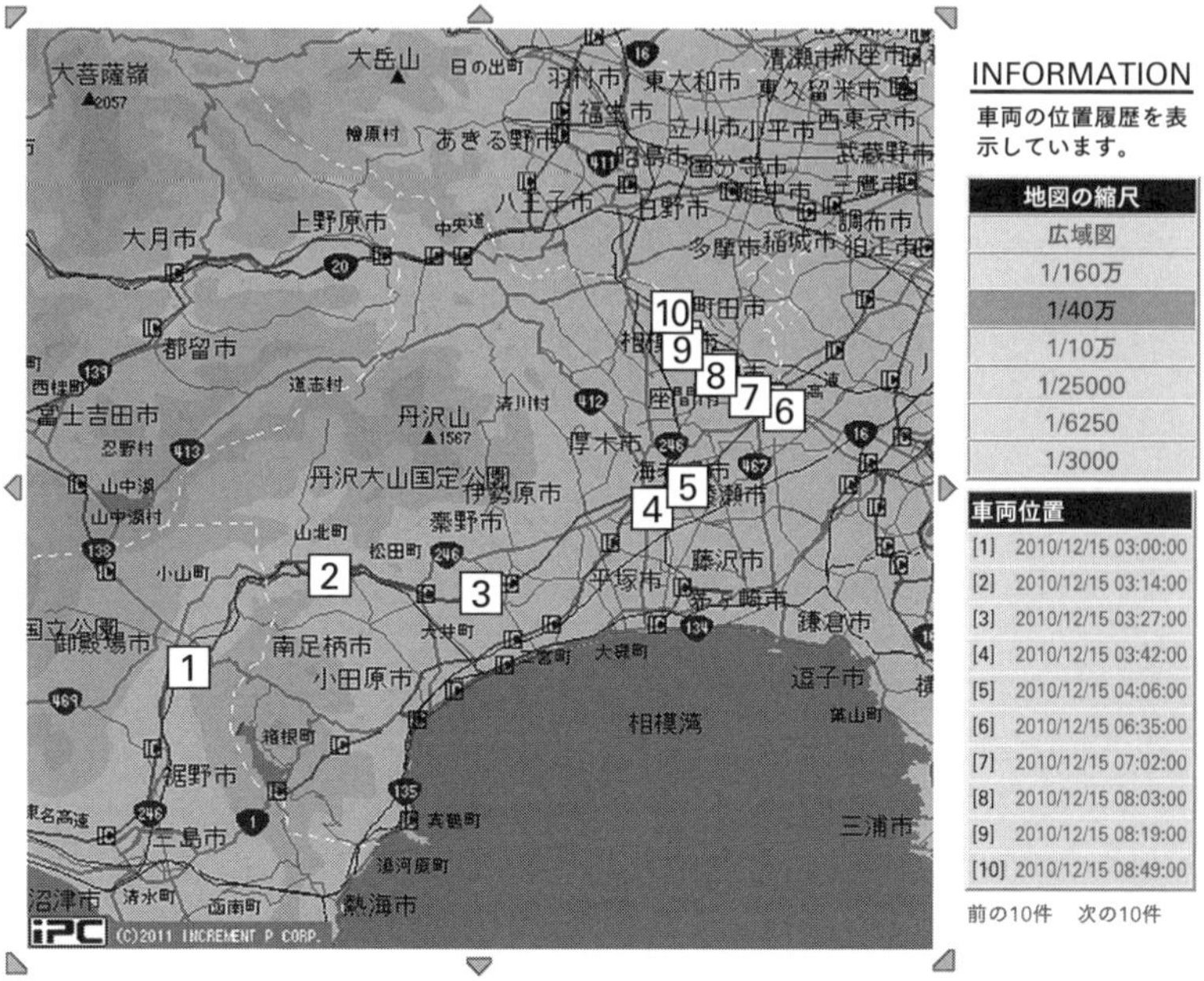

出所：コマツ建機販売株式会社 ホームページ

（コムトラックス）です。コムトラックスは重機にセンサーと通信チップを搭載し、その重機がどこにあるか、どんな状態にあるかを把握するシステムです。この仕組みの起源は意外に古く、1998年頃に遡ります。

言うまでもなく、建築重機は大変高価です。安いもので数百万円、特殊なものは億を優に超えます。また、個人の嗜好のための消費財ではなく、商売のために使用する生産財であるという側面も持ちます。そのため、壊れてしまったり、一時的に動かなくなったりするだけで、その修理費用のみならず売上損失・工期遅延といった経済損失が発生します。故障だけでなく盗難もリスクです（あれだけ大きなものなので意外ですが、昔はよく盗難がありました）。そういった顧客のリスク、経済損失を低減すれば、金額が大きいだけに大変な競争優位になるはずです。

さて、コマツはどうしたか。壊れないように設計を変える、造りをより頑健にする、盗まれないように物理的な鍵や柵を設けるなど、ハードへの投資による解決も可能ですが、コマツはデータによる対策に他社に先んじて乗り出したのです。

まず盗難対策ですが、GPSがあれば車両がどこにあるかは容易にわかります。盗難されても現在の物理位置を特定できます。加えて、遠隔操作によってエンジンの起動をロックしてしまうこともできます。妙な表現ですが、「重機を盗む人の立場に立って」想像すると、大きくて目立つリスクのある建築重機を、駐車位置の調査や盗難用車両・複数人員の工面をして盗んでも、保管場所が露見しやすくなりますし、また、エンジンが機能しないのでは労力やリスクとリターンが釣り合いません。事実、コムトラックスの導入後からコマツの重機の盗難が大幅に減りました。

データ活用の範囲は連鎖的に拡大する

一度データが活用できることが組織内で認識されると、他の活用方法を模索する動きに連鎖反応が起こり、急激にデータ活用水準が高まることがあります。

コマツの場合、今では建築重機の位置把握から、稼働状況の可視化や保守の効率化、さらにはGPSによる自動運行まで、多方面に進化の枝を伸ばしています。GPSによる位置情報だけでなく稼働情報もわかれば、たとえば「エンジンは100時間動いていたのに、実際に機械が稼働していたのは60時間しかなかった」など、省エネ運行の指導を当該重機の運転手におこなうことができます。また、コマツは複数の故障データから、故障が実際に発生してしまう前に、「このデータからは機械が不調であることが読み取れる。機能停止を起こしてしまう前にこの部品の取り替えが必要だ」という示唆まで顧客に提供できるようになっています。

トップダウンでおこなわれたコマツの改革

コマツの場合は当時の安崎《あんざき》 暁《さとる》 社長が情報武装の推進という強力な方針を打ち出していたため、

多方面への展開が急速に進みました。しかし、そういった強力なリーダーシップがあるケースは多くありません。

　今でこそ車両への電子機器搭載は当たり前になりましたが、安崎氏が社長に就任した1995年は、携帯電話の普及率が10％にも満たない時期でした。短期的には大幅な減益となり、強力なリーダーシップがなければＩＴなどという（当時からすれば）不確実性の高い技術への投資に舵を切ることは難しかったのです。事実、他重機メーカーのＩＴ投資はコマツよりも遅れ、その後コマツは他社への技術優位を背景に、高収益を維持することになります。

　データサイエンスへの投資も、こうした強力なリーダーシップがあるに越したことはありません。が、それがない場合にもやりようがないわけではありません。トップダウンでなく、ボトムアップによるデータサイエンス活用を企図する場合には、小さい規模・一部機能のみでの実証試験・限定導入をおこない、その結果を用いてデータ活用の転用領域を増やし（例：位置情報から稼働情報・保守情報への適応領域展開）、さらにその成果をもって投資をおこなう段階的なプロジェクトの推進手順が採用されます。

ケース03 象印マホービン：i－POT

象印の優れた着眼点

「ｉＰｏｄ」が日本で発売される以前に、「ｉ－ＰＯＴ」が発売されていたことをご存じでしょうか。

ｉ－ＰＯＴは、象印マホービンによる、通信機能を備えた電気ポットです。高齢の家族が離れた場所で一人暮らしをしていれば、健康状態は問題ないか、万一倒れていたらどうしようかと、さまざまな不安があります。ｉ－ＰＯＴは電気ポットの利用があった際に、「給湯をした」「電源を切った」など、その利用状況をメールで連絡する機能を備えています。

ポットであれば、多くのお年寄りが日常的に利用しますし、生活動線の中に追加の手間なしに馴染みます。「離れたところで暮らす親の健康状態」という見えにくい事象を、「電気ポットの操作ログ」に着目して可視化してい

図表2-5　**みまもりほっとラインは、遠隔地にいる親の活動状態を、ポットの利用状況によって可視化している（右側の囲みはメールイメージ）**

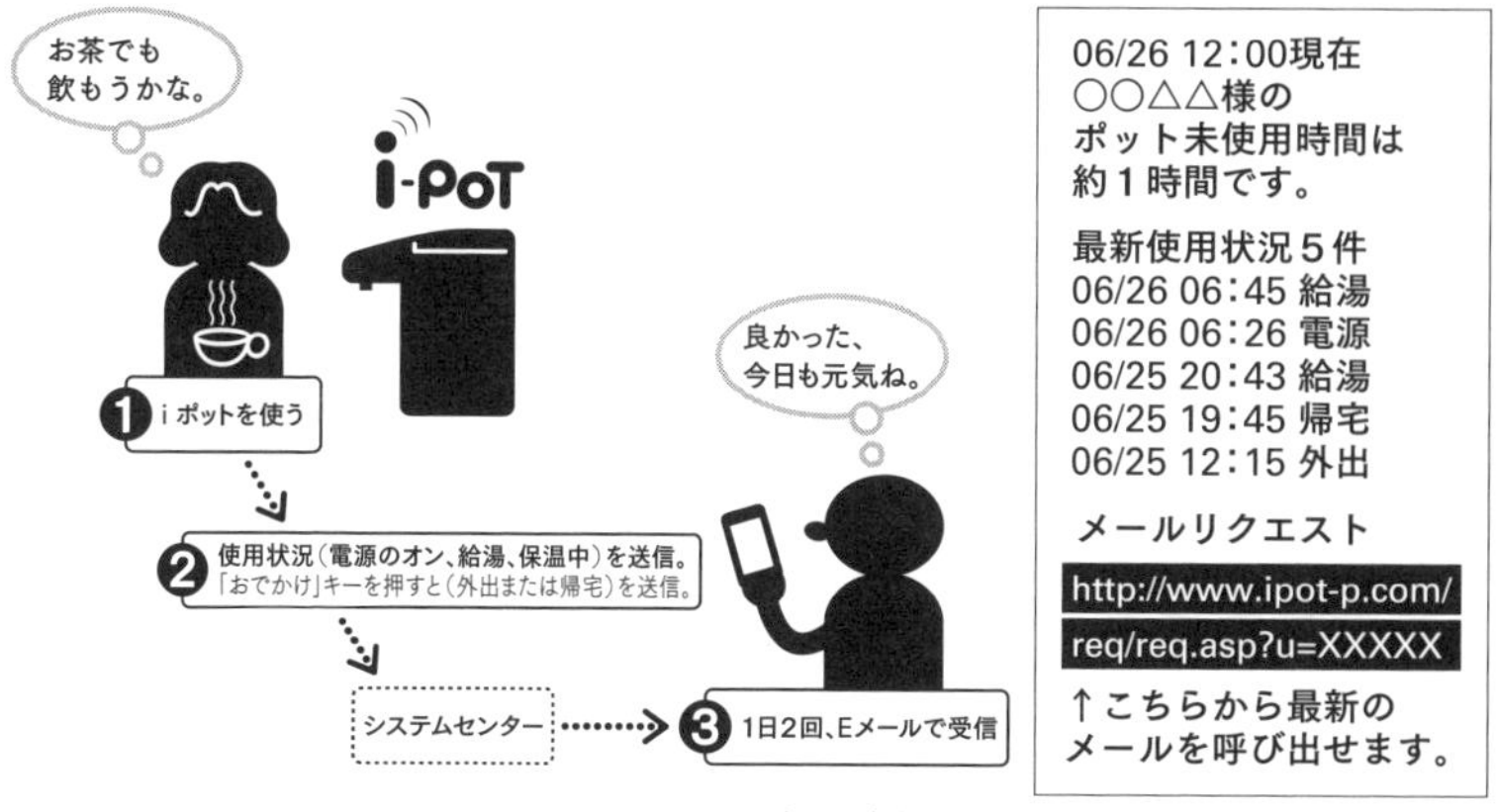

出所：象印マホービン ホームページをもとに筆者加工

る、というわけです。ホンダの例でもコマツの例でも見てきた通り、データの可視化で実務的に重要なのは「その事象を見える化するために、どんなデータに着眼するか」という発想です。

避けては通れない費用対効果の問題へのアプローチ

可視化のプロジェクトで必ずと言っていいほど議論の俎上に載るのが、費用対効果の問題です。可視化は、つまるところセンサーから得られたデータを、人が直感的に理解しやすい、判断・意思決定ができる形に加工するものです。したがって、ひたすら精度を追求することが必ずしもよい結果になるわけではありません。実際のプロジェクト運用ではむしろ、状況を捕捉するために必要な最低限のデータは何か、という問いからスタートするべきです。i－POTでいえば、もっとデータ取得の頻度を上げたり、水量や水温といった情報を入手したりすることも可能でしょう。しかし、「要は、お母さんは今日元気なのか、元気でないのか」を判断するうえでそういった情報が増えても雑音になるだけです。

急ブレーキマップについては、データ上は急ブレーキの時間帯や、車種、総走行距離といったものも存在していますが、データを増やしても、「要はどの場所が危ないのか」を判断するうえで雑音になるだけです。軽自動車の事故が起ころうとも、ピックアップトラックの事故が起ころうとも、事故は事故なのです。どの場所が危ないか知るだけで、「ここに合流注意の看板を立てよう」という意思決定にはさしあたり十分です。コムトラックスも、今でこそ機能が多様化していますが、初期に知りたかったのは盗まれているのか盗まれていないのかだけでした。

企業内で「費用対効果が疑問だ」という声が上がるときには、まず目的が曖昧でないか疑いましょう。要はどういう意思決定を支援したいのか、そのために何があれば足りるのかというゴール逆算が不在である可能性が高いからです。

データをわかりやすく見せてほしいと言われるが、何を見える化すればいいのか、どれほど見せればいいのか悩んだときは、ビジネスの目的に立ち戻り、**一要素ずつデータを加えていき、どこで意思決定ができるか見定めましょう**。データを増やすことを止めるのはまさにその点です。

参照するデータをそれ以上増やすよりも、このデータをどう加工すれば意思決定が支援できるか、誰に知らせるか、どのタイミングで知らせるかの仮説を作り、一度関連部署にぶつけてみましょう。相手がどういう意思決定をおこないたいのか、よい気づきを得られるはずです。

ケース04 日立製作所：ビジネス顕微鏡

コミュニケーション状態をどう可視化するか？

組織は生き物だと言われますが、その割には成長や衰退のパターン、健康と不健康状態の定義、そしてその診断方法はよく知られていません。ここでは、そうした課題に挑戦する日立製作所のケースを紹介します。

ビジネス顕微鏡は、組織の状態を可視化するためのツールです。グッドデザイン賞を受賞しているのでご存じの方も多いでしょう。これも、そのままでは意味合いの抽出が難しいデータを、人間が理解できる形に可視化する取り組みの好例です。

このサービスの開発の目的は組織状態、とりわけコミュニケーション状態の可視化です。職場でのチームワークに問題があると、「コミュニケーションに問題がある」という言われ方がよくなされます。しかし、具体的にコミュニケーションが良い状態か良くない状態かは、人間が主観的に判断する以外に方法はないのでしょうか？

また、よく業務外でおしゃべりをしている社員グループは「業務の垣根を越えてコミュニケーションができる」と言い、おしゃべりをしないグループはそれを非効率だと疎んじることがありますが、組織コミュニケーションや能率への影響の実態はどうなのでしょうか？

筆者が知る限り、きちんとした証拠に基づいた議論は、これまでほとんどありませんでした。

日立製作所が採用したアプローチは、一人ひとりのコミュニケーション状況を、ごく簡単なセンサーによって数値化するというものでした。具体的には、通常職場で使用されている社員の名札に加速度センサーと、赤外線センサー、音声センサーを搭載したのです（図表２－６）。名札であれば普段からつけているものであり、ビジネスシーンに違和感なく溶け込ませることができるはず、という意図です。

筆者もビジネス顕微鏡が導入されている企業のオフィスを訪れたことがありますが、オフィスビルの入館管理で使用するセキュリティカード程度の印象で、ミーティング時もまったく違和感を覚えませんでした。

このセンサーの仕組み自体は非常にシンプルで、ある意味ローテクです。

図表2-6　**ビジネス顕微鏡で使用されるセンサー：ビジネス環境に違和感なく溶け込むよう工夫がされている**

出所：日立製作所 ビジネス顕微鏡説明資料より

赤外線センサーは、距離2～3m、左右角120度以内にセンサー同士が近づいたとき、お互いを感知できます。加速度センサーは、少し考えただけでは何を測定しているのかわかりにくいのですが、「対話時のうなずき等の微妙な動きを測定することができるため、対話時にどちらのメンバーが話し手でどちらが聞き手なのか、会話をリードしているのは誰なのか、ミーティングは活性化しているのか」といったデータが取得できるとの開発者らのコメントがあります。2.

ではこれによって何がわかるのでしょうか？

もともと目指していたのは、組織のコミュニケーション状況が良いのか・悪いのか、どう良いのか・悪いのか、を知ることでした。

図表2－7を見てみましょう。これは、チーム内での情報のやりとりをモデル的に記述したものです。実線は頻繁なコミュニケーション、破線は稀なコミュニケーション、矢印はその方向（その2人が話しているとき、どちらが話し手か）を示します。あなたがリーダー1・2・3の上司であったとすると、どのように感じるでしょうか？

いくつか抜粋してみましょう。

まず、チーム1は、リーダーと各メンバーとのやりとりがあるだけで、メンバー間のやりとりが見えません。少なくとも名札をつけている間は、コミュニケーションがありません。また、リーダーと各メンバーが接する際、リーダー1が一方的に話しているだけになっていることが気に

2. 「電子情報通信学会誌」2013年8月号 サービス産業活性化のための測る化の新展開小特集2－4「ビジネスコミュニケーションの測る化」（森脇紀彦、渡邊純一郎、矢野和男）より

なります。

チーム2はどうでしょうか。チーム2は、チーム1に比べると、メンバーがお互いにコミュニケーションをしています。しかし、コミュニケーションの頻度で言えば、メンバーDさんがあまり話せていないことがわかります。それ自体が問題ではありませんが、もしDさんが関わっている案件との連携が不足していたり、重複作業が発生したりしていることがわかっていれば、組織のパフォーマンスとコミュニケーションの状態を重ねてみることで、示唆が生まれます。

チーム3は、この組織の中では最も相互コミュニケーションが活発で、リーダーとミーティングをするときでも、一方通行ではなく、お互いが話していることがわかります。

さて、図表2－7だけ見て、コミュニケーションが双方向性をもって活性化されているチーム3が素

図表2-7　**コミュニケーションのリンク・頻度の可視化：実線は頻繁なやりとり、破線は稀なやりとり、矢印は方向を示す**

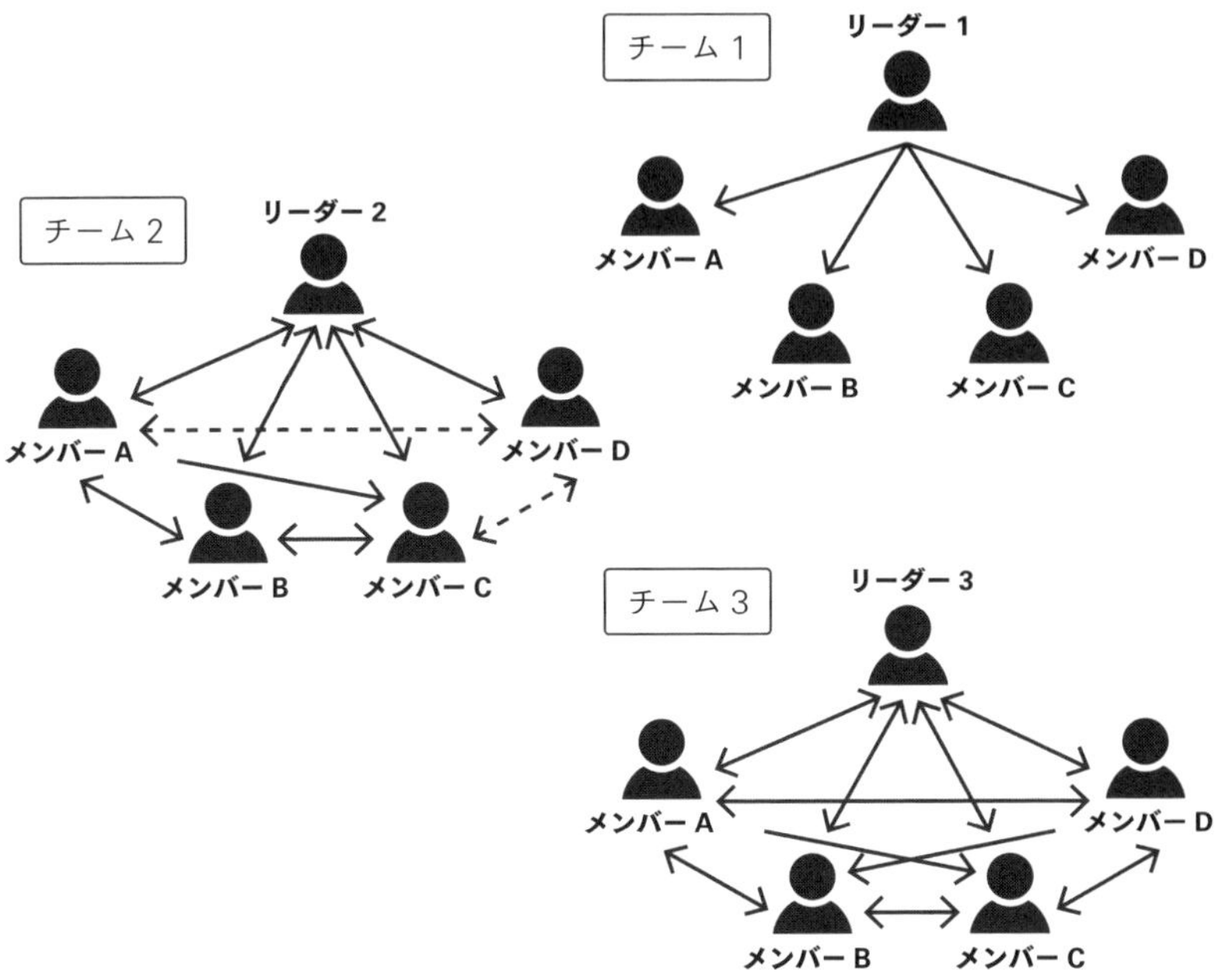

晴らしい、という結論には違和感を覚える読者もおられるのではないでしょうか。実際に、組織研究では、やることがはっきりと決まっている職場では、むしろチーム1のような上意下達型のコミュニケーションのほうが、組織パフォーマンスが高いことが確かめられています。

そこで、実際の組織パフォーマンスとコミュニケーションマップを重ねあわせる検証がなされました。電話営業をおこなう50〜80人規模の組織を2つ比較し、組織パフォーマンス（この場合は、電話によって商品をその日にどの程度受注できるか）に何が影響しているのか、さまざまな観点から分析がなされました。

図表2－8はその結果の一例を抜粋したものです。コールセンターAとBでは、Bのほうが受注率がよく、そのBの休憩時間の活動量（身体的な動きの大きさ）が高いことがわかりました。

しかし、休憩時間に活発に動くことが、パフォーマンスに照らして良いことなのかどうなのか、このままではわかりません。そこで、Aの休憩時間中の活動量が増えた場合とそうでない場合で売上成績がどう変わるかを検証しました。すると、休憩時間の活動量を増やした週のほうが、そうでない週に比べて受注率が13％も高かったのです。

分析の厳密さは
目的を無理なく達成できる範囲で

テレマーケターの活動量を増加させるために取られた工夫は、同年代の人たちが同時に休憩を

図表2-8　**成績の良いコールセンターBは、コールセンターAに比べ休憩時の活動量が高い**

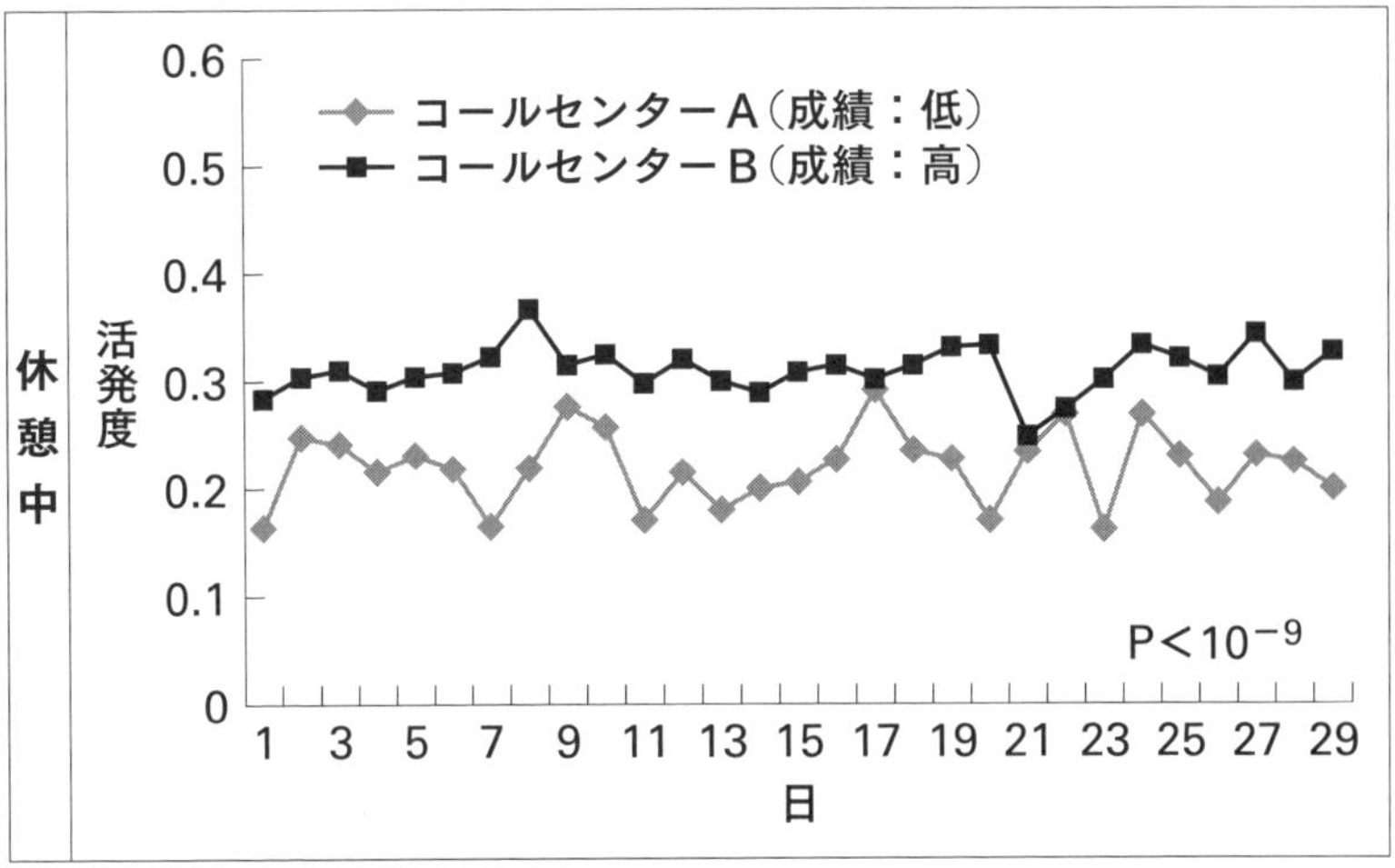

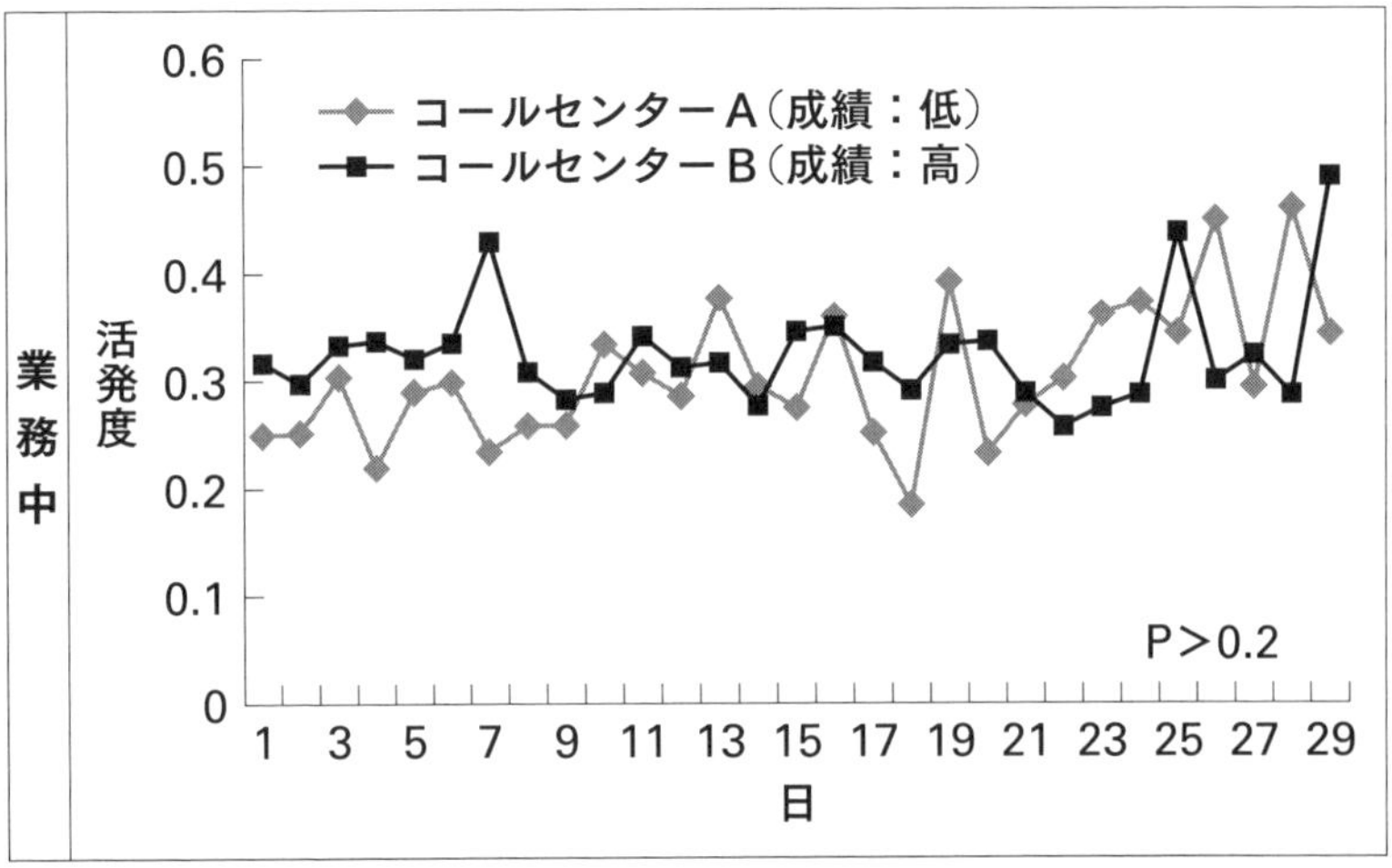

出所：「電子情報通信学会誌」2013年8月号　サービス産業活性化のための測る化の新展開小特集2-4
「ビジネスコミュニケーションの測る化」（森脇紀彦、渡邊純一郎、矢野和男）より筆者加工

取るか、各自で取るか、というものでした。

同時に休憩を取ることで活動量も増えたと報告されていますが、ここからは、受注率の向上した理由が厳密にどのようなものかわかりません。単に仲が良い同年代のメンバーと同時に休憩してストレス発散になったのか、職場が楽しくなったのか、実はセールストークのノウハウを話し合っていたのか、何らかの本当の理由があるのでしょう。しかし、ビジネスにおけるデータ分析は学問的な厳密さのためにあるのではなく、成果を出すためにあるのです。したがって、科学論文に必要とされるようなメカニズムの解明がないことが問題とはいえないでしょう（この効果が永続するかは、より長い期間で測定したいところではありますが）。

データ分析の職責を全うしようとするあまり、厳密さ・学問で求められるレベルの検証を追求してしまう担当者もいます。その気持ちもわかりますが、そうした追求が過ぎると、先に指摘した費用対効果の説明がつかなくなります。また、成果よりも手段に目が行ってしまいがちになります。それよりも、目的達成のために、必要十分なデータ量、精度、種類がどうなのかを考え、そこで「満足」するという考え方もあるでしょう。

データ分析のトピックは、とかくデータの加工や統計パッケージソフト、使用する言語といった手段にスポットライトが当たることが多いように思います。しかし、本来の注目すべき点はそこではないのです。これは、料理でたとえるなら美味しい料理で人を喜ばせるという目的ではなく、野菜の切り方がどうの、高価な包丁のほうがどうのといった、途中のプロセスや道具の話ばかりをしているようなものです。

ここで言いたいのは、手段は重要でないということではありません。目的・成果物の話を初めにしっかりとすることを忘れてはいけない、ということです。

ビジネス顕微鏡が良い例です。日立製作所の世界的な技術力の高さはよく知られていますが、今回使用されたのは、比較的枯れた技術であるマイク・赤外線センサー・加速度センサーです。センサーが蓄積したデータも、リアルタイムで無線転送するのではなく、充電時にクレドールに挿して1日の終わりにサーバーに転送しています。データの分析モデルが特別高度というわけでもありません。しかし、それでも受注率を13％も上げる施策を見つけることができたのですから、技術やアルゴリズムの高度さが成果を決めるわけではないことがよく読み取れます。

第3章

分類する機械脳

本章では「分類」する機械脳を取り上げます。前章では「可視化」を取り上げました。「分類」はその応用的な活用であり、膨大なデータから探しているものがあるかどうかの判断を機械脳に任せる取り組みです。

日常生活でおなじみのものでいえば、第1章で触れた迷惑メールも「分類」を機械学習にまかせているものの1つです。他にも、たとえば近年のスマホには音声認識機能が搭載されていますね。どのような発音・音量・声色で、どのような単語・文章が入力されるかをあらかじめ網羅的にプログラムで書きつくすことはできないため、こうした分類を機械に任せることが有効です。

産業分野での応用例としては、工場での異物検出があります。たとえばキューピーでは工場の原料検査装置に機械学習の利用の本格検証をしています。原料のサプライヤーが１５００社以上もあり、従来はそれを全て目視で確認していたというのですから驚きですが、グーグルによるオープンソースの機械学習フレームワークのＴｅｎｓｏｒＦｌｏｗ（テンソルフロー）を採用することによって、おおまかな異物・不良品の発見の一次処理を機械がおこない、取りこぼしを目視で確認しています。1.

本章では、典型的な分類事例を取り上げ、どのような技術によってそれが可能にされているのか見ていこうと思います。ご自身の会社では普段どのような分類作業があるのか、その際の判断を機械脳に教えるにはどうすればよいか、考えながら読み進めてください。

1. ２０１７年６月現在、全ての製品ラインについて機械学習による異物・不良品検出が稼働しているわけではなく、一部のラインでこの取り組みが奏功するか検証しているようです。機械学習によるアプローチは、従来の網羅的に異物・不良品条件を書き出すタイプのプログラムとは異なり、実際にアルゴリズムに学習させてみなければどうなるかわからない側面があります。そのため、将来的には全ラインで異物・不良品検出アルゴリズムを導入する計画があるにせよ、まずは管理しやすく試験の費用も期間も手頃な一部で、成功するかどうかの様子を見るステップを踏むことが一般的です。このように、新しいアイデアを部分的に検証して実現可能性を評価する作業ステップをＰＯＣ（Proof of Concept、概念実証）と呼びます。

ケース05 ペイパル：不正検知

世界一犯罪者に狙われる決済インフラをどう守るか

ペイパル社はインターネット上の決済サービスを提供する世界最大手企業です。インターネット上で製品を購入する際、クレジットカードで決済することもできますが、ペイパルを使用すれば買い手は取引先にクレジットカード番号や銀行の口座番号を通知せずに決済ができます。ペイパルのアカウントに自分が入金した以上の金額が使われてしまうこともありません。そのため、相手の見えないインターネット上の取引での安心感を求めるユーザーに支持されており、アクティブユーザーの数は2億以上にのぼります（2016年時点）。

ですが、決済という現金のやりとりをインターネット上でおこなっていることから、この登録ユーザーの中には不正による金銭の詐取を意図するサイバー犯罪者も含まれています。オープンDNS社の調査発表では、同社が特定したオンラインフィッシング詐欺の件数のうち、約46％がペイパルであり、これは第2位のフェイスブック（約5%）、第3位のＨＳＢＣグループ（約4%）に比べて圧倒的な被攻撃数でした。2.

不正取引に対しては、ユーザーではなく、ペイパルが自社で金銭補填をおこないます。ユーザーにしてみれば、自分の知らないうちにアカウントが不正アクセスを受け、現金を引き出されてはたまったものではありませんから、これは嬉しい企業姿勢です。しかし、裏を返せばペイパルは不正取引の被害のインパクトを直接的に受けることになります。

また、ペイパルが扱うオンライン取引件数は、24時間で１０００万件を超え、世界中（２００カ国以上）からのアクセスがありますから、不正の特定と防止をおこなう業務がいかに高度で、経営インパクトの大きい業務か想像できるでしょう。

ペイパルの不正対策に対する注力は並々ならぬものがあります。事実２００８年には不正検出サービスのフラウド・サイエンス社をおよそ２００億円もかけて買収しており、データサイエンスを活用した不正防止を図っています。

皆さんが勤める企業で、このようなオンライン取引上の詐欺や不正利用者による攻撃が問題になったら、不正アクセスをどのように見つけるのでしょうか？　ペイパルがおこなっている対策は企業秘密で、全ては公開されていません（防御の手口を公開すれば、攻撃者に手の内を明かしてしまうことになりますから、これは当然ですね）。

しかし、ペイパルのエンジニアが投稿しているチームブログや、すでに市場に流通している防

2. オープンＤＮＳ社２０１０年ウェブコンテンツフィルタリング・フィッシング報告書

衛ツールから、ある程度の目星をつけることはできます。図表3－1は、不正を検出するためのシグナルの一例です。

また、ペイパルは機械によるアクセスか人間によるアクセスかを識別するため、世界ではじめてキャプチャを商業利用したことでも有名です。図表3－2のような画像を見たことがある人は多いはずです。

ただ、これらの対策を講じたとしても問題は残ります。不正の防衛策と新たな攻撃方法の開発は終わりのないイタチごっこであり、世界中に発生する攻撃者の偽装手段を全て書きだすのは無理です。グーグル・カーの例でも触れた通り、これは人間が全ての想定事例を書きだし、プログラミングすることが原理的に不可能であることによります。

また、ペイパルは実験室で実験をしているわけではなく、実際の顧客を扱っているため、不正の可能性がわずかでもあるもの全てを取引停止処理すればよいわけではありません。そんな乱暴な処理をすれ

図表3-1　**ペイパルが着目していると思われる不正を検出するためのシグナル**

分類	細目
アクセス元	・同一のIPアドレス（インターネット上の住所）から、数十件のユーザーがログインしていることになっている ・登録された居住地域とまったく関係ない場所からアクセスがある ・アクセス元の国が短時間で入れ替わる
ユーザーの挙動	・人間では考えられないほどのクリック数が、短時間で起こっている ・ウェブサイト上には表示されていないリンクに直接アクセスがある ・パスワードを入力するログインページへのアクセスが際立って多い ・アルファベット順に商品ページへアクセスし、各ページへの滞在が1秒に満たない
購入物品・数量	・同じ商品の購入とキャンセルが繰り返される ・今までの注文数量を大きく超える大量の商品購入がおこなわれる

図表3-2　**キャプチャの一例**

出所：Wikipedia

ば、たちまち善良な顧客の離反を招いてしまうでしょう。

ここで活躍するのが機械脳です。１日１０００万件以上というペイパルの決済量は、人海戦術でしのげるレベルをはるかに超えています。序章でも書いた通り、今までの統計的手法と機械学習の手法の仕組み上の違いは、人があらかじめルールを書かなくても機械自身が学習によって自己修正してくれる点にあります。その結果として統計的手法では扱いきれなかった多種類の少数データも扱うことができるようになり、ケタ違いの精度を出すことができるのです。

不正取引はその手法の多様性や、絶対量の多さ、あらかじめ攻撃方法を人間が予測できない点など、さまざまな点で機械脳が扱うべき特徴を備えています。

ケース06　富士フイルム／アンセム：ガンの分類

ベテラン医師の診断精度を、いつでも・どこでも・誰でも

医療領域におけるデータサイエンスの適応を、ガン診断を例に見てみましょう。ガンの検査は、

レントゲン写真や細胞診など複数の方法を組み合わせておこなわれます。医療技術が進み、検査できる対象が増えるほど、より多くの情報を参考にすることができるようになってきています。

診断の正確性を上げるための情報源が増えることは喜ばしいことではありますが、一方で診断を下す医師にとっての負荷が増えるという側面もあります。たとえばCTスキャンは体内の状況を断面画像として詳《つまび》らかに観察できる装置ですが、1回の検査で何百枚もの画像が生成されることもあります。その多くの画像を1枚1枚、担当医が全て肉眼で確認することも不可能ではありませんが、臨床現場には限られた医療資源でなるべく多くの人を救うという使命もあります。また、全てを人手に頼ることによるヒューマンエラーに起因する見逃しや、画像診断スキルが十分でない医師はどうすればよいのか、ベテラン医師の暗黙知の恩恵をもっと多くの人に受けさせる方法はないものか、などの問題が研究者を中心に指摘されてきました。

こうした背景から、約10年前から、ガンの画像診断においてデータサイエンスの実用化に向けた動きがあり、一部商用化された製品もすでにあります。

たとえば富士フイルムと静岡がんセンターが開発したSYNAPSE Case Matchは、肺ガンと肝臓腫瘍の症例データベースが1000件以上記録されており、撮影された画像の特徴をアルゴリズムで解析する機能を備えています（図表3－3）。これにより、医師は目の前の患者さんのX線写真に似た過去の写真を参考にしながら、より精度の高い診断を短時間でおこなうことが可能になっています。また、NECのe-Pathologistシステムも、胃・大腸・乳房・腎組織などの画像を既存の症例と比較することで、医師の判断を支援しています。

その他にもマンモグラフィのデータから乳ガン診断を下すもの、痰の色から肺ガンかどうかを診断するものなど、さまざまな診断支援アルゴリズムが開発されています。また、製品化されていないもののなかにも、診断精度においてすでに人間を凌駕しているアルゴリズムも存在します。

データサイエンス活用では、機械が人間より優れたパフォーマンスを出して今までの専門家を一気に代替するよりも、こうした支援ツールの形をとった活用が増えています。

保険会社による診断アルゴリズムへの投資

もう1つ、ヘルスケア領域での事例を紹介します。アンセム（旧ウェルポイント）はアメリカの大手保険会社の1つです。保険ビジネスは、加入者から支払われる保険料と、保険会社が支払う払戻金の差額で成り立っています。そのため、保険会社としてはなるべく多く保険料を集め、支払う払戻金が少ないほど利益を得られることになります。

本来支払うべき払戻金を保険会社が支払わないことが一時期社会問題にな

図表3-3　**類似症例検索システムSYNAPSE Case Match（Ver.2.4）の画像**

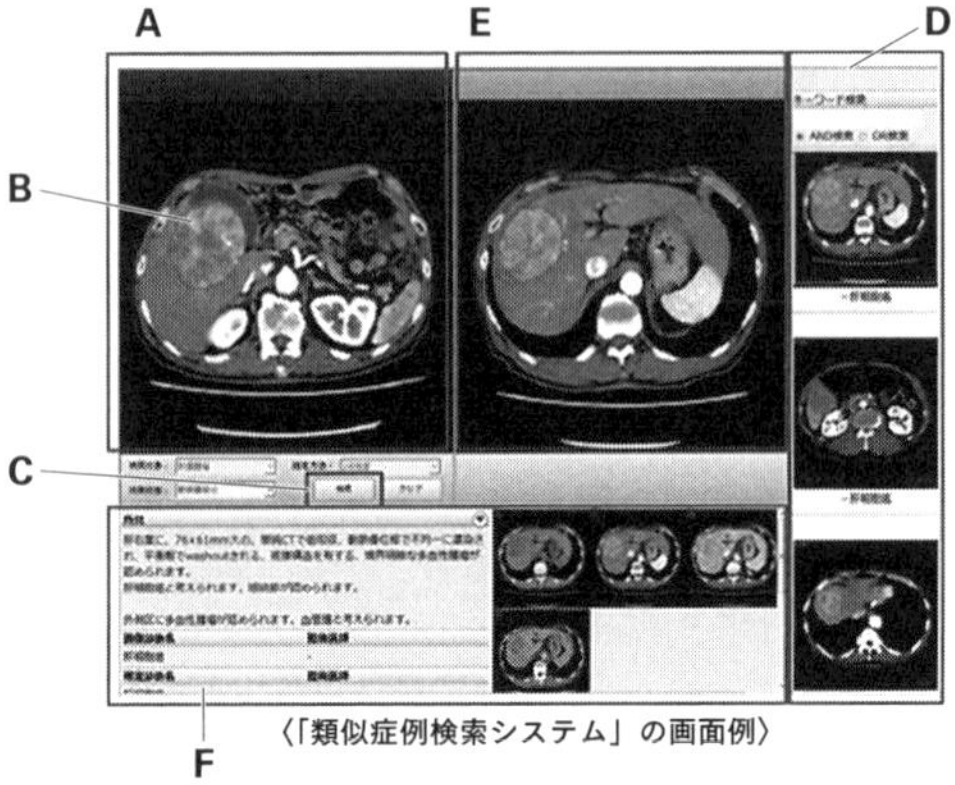

〈「類似症例検索システム」の画面例〉

A：検索対象となる画像を表示
B：検索したい病変領域をマーキング
C：検索ボタンで検索を実行
D：検索結果が類似度順に一覧表示
E：類似症例画像
F：類似症例の診断結果

出所：富士フイルム プレスリリース 2014年4月7日

りましたが、アンセムはそもそも払戻金を払わなければならない事象（つまり健康状態の悪化や、高額な治療が必要な状態の発生）の予防可能性に着目しました。

それは医療従事者の仕事であって保険会社の仕事ではないのでは？　と思われるかもしれません。しかし日本とは異なりアメリカでは、治療内容はもちろん、どの病院で診察を受けられるかについても、個々の民間保険会社が決定する範囲となるのです。

アンセムが最初に着手したのはガン領域でした。米国ガン協会の調査によると、1年間でおよそ160万件のガン疾病診断が全米でなされており、そのうち5分の1が間違った、もしくは不十分な診断であるとされています。

医療業界の外からはなかなかうかがい知れませんが、医療の複雑性は高く、全ての医療従事者が間違いのない判断を100％担保できるわけではありません。特にガン領域はその複雑性が高く、臨床医であっても最先端の知見に遅れないよう、常に多くの最新論文に触れていなければならず、これを日々の忙しい診察・治療と両立するのは並大抵のことではありません。筆者も多くの臨床家に接してきましたが、その常人ならざる努力にはいつも脱帽します。

アンセムの狙いは、そうした医師を支援できるよう、ガンの領域において診断支援ツールを提供することでした（IBMと提携）。より適切な診断と治療を実現することで、保険会社としての収益向上にもつながるというわけです。

日本臨床腫瘍学会によると、導入初期はこの人工知能ツールによる的中率は50％に満たず、直接の診断には正確性が不十分だと結論づけられました。しかし、その後支援ツールの正確性は大きく高まりました。すでに繰り返し述べてきた通り、今までの統計手法と異なり、機械学習の手法は扱うデータ量が増えるほど、その正確性を急速に増します。

データ量の重要性を示す事例を１つ紹介しましょう。図表３－４は、ＩＢＭが同じ手法で作成したツールの成長を示したグラフです（ジェパディというアメリカで放送されている物知りクイズ番組に、ツールが回答した際の回答率の伸びを示しています）。時期のラベルがついた折れ線が、新しいものほどどんどん右上にスライドしていく様子が見て取れます。このグラフの折れ線の最新版は２０１０年ですが、この翌年の２０１１年にはテレビ番組上で人間のチャンピオンを破り、優勝しています。

血液検査データや画像診断データ、患者からの問診結果など、疾病診断はクイズ番組よりも複雑ですが、それでも機械脳が処理できる対象であることに変わりありません。アンセムの診断支援ツールはそ

図表3-4　**IBMの人工知能ツールの経年による性能向上**

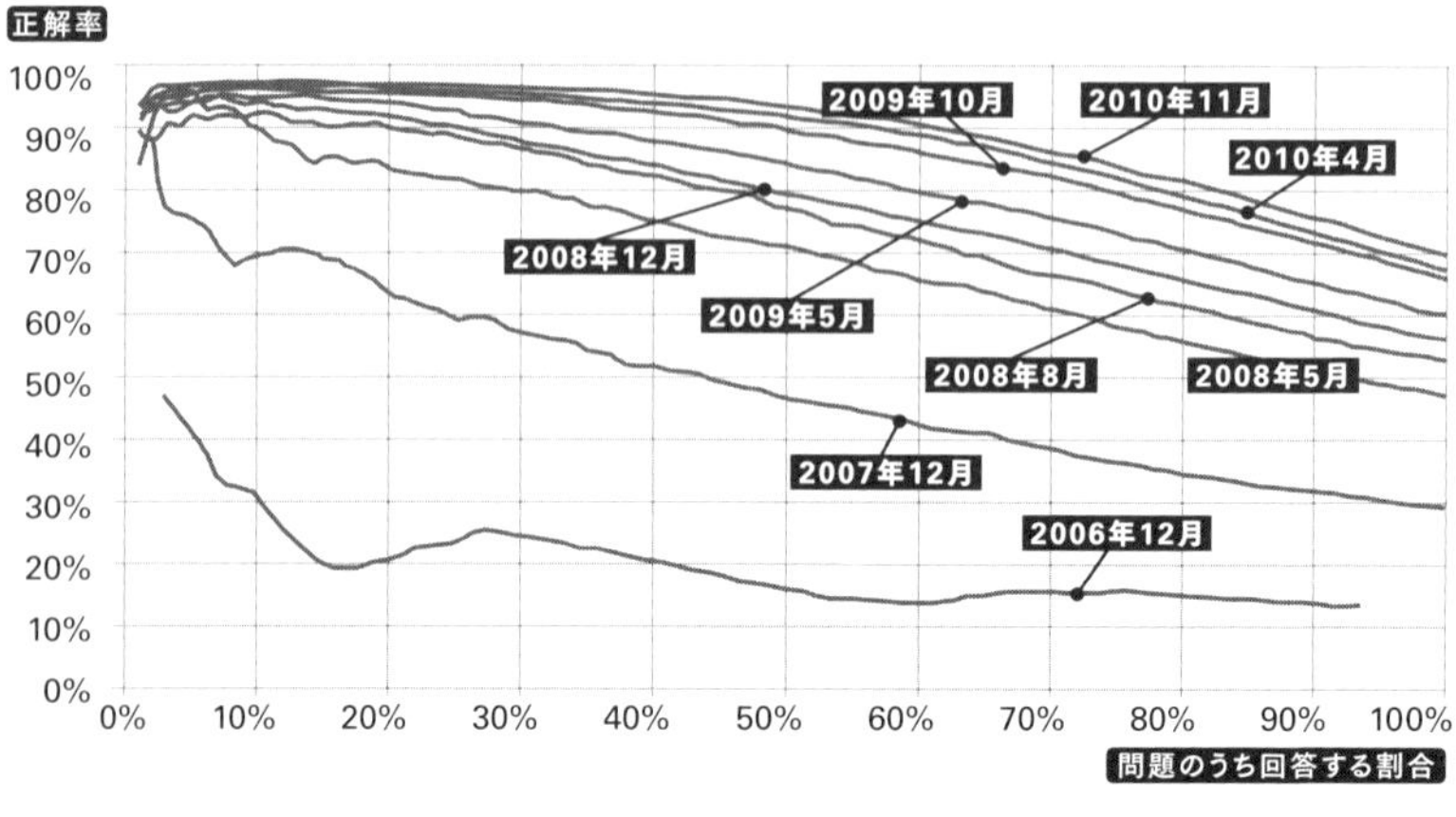

クイズ番組「ジェパディ」では、問題ごとに回答するかしないかを選手が選ぶことができます。横軸がその回答割合を示しており、左ほど回答する問題が減り、右ほど回答する問題が増えます。2006年の頃の性能は一番下の曲線です。曲線の最右端が示す正答率は約10％強であったことが示されています。これは、クイズで出された問題の9割にアルゴリズムが回答した場合、その正答率は10％強しかなかったことを示しています。しかし、年を追うごとにグラフは右上にスライドしていき、2010年11月と書かれた曲線はほぼ100％に近い正答率から始まり、右端は70％程度の正解率を示しています。

出所：IBM発表資料をもとに筆者作成

の後も学習データを増やし、今日までガン領域において60万件以上のケースと、42の医療ジャーナルからの２００万ページにわたる医療情報が入力され、今ではアンセムに加入する全てのガン患者の診断にこのツールが導入されようとしています。

医療領域において診断アルゴリズムが多用されるようになる未来は、もはや「実現するか、しないか」というものではなく、「いつ実現するか」というところまで来ているのです。

日本では国立がん研究センターにおいてすでに人工知能のワトソンが使用されています。ガン領域は研究進歩のスピードが早いため、特に患者の遺伝子特性や進行度に合わせた治療法の絞り込み作業に要する調査時間は膨大になります。数十万件の論文、特許データベースを医師が洗いざらい探すのではなく、まずワトソンが絞り込むことで一人ひとりの症例への処方を迅速かつ容易に最適化しようとしているわけです。

このように、医療領域における人工知能活用は単体で完成するのでなく、人間の判断を支援する形で採用されることが一般的です。データサイエンスの技術的には完全に自動化できるものであっても、現在その仕事をしている人々からの反対や、あるいは医事法などの法制度上の問題のため、人の介在を飛び越えた技術浸透はまだ先になるように思います。

ケース07 パチンコ・カジノ産業：顔認識技術

ギャンブルとデータの出会い

映画やドラマで、顔認識技術というものが取り上げられることがあります。街に潜伏するテロリストを街頭カメラの映像から探し出すなど、顔の画像を含む膨大な情報から、個々人の顔を特定するために使われる技術です。この節では、顔認識技術と、パチンコ・カジノがどのように関係するか見てみましょう。

ギャンブルの事業モデルは、より多くの顧客を惹きつけ、より多く・高頻度でリピートしてもらい、1回あたりの収益を増やす、というものです。そのため、マーケティングや顧客ロイヤリティの向上施策、商品・サービス戦略といった一般的な経営アプローチが用いられる領域です。データサイエンスを用いた施策もその1つです。

カジノ業界で有名な先駆者は、シーザーズ・エンターテイメントのグレー・ラブマンCEOでしょう。シーザーズは、ニューヨーク証券取引所に上場した最初のカジノ企業でしたが、競合に比べてマーケットでは劣位にありました。カジノ企業の多くは自前のホテルを建設し、安定的な収益源としていましたがシーザーズには潤沢なキャッシュはありませんでした。また、顧客も競合に比べて所得水準が低い層が中心でしたし、リピート顧客もシーザーズ一筋というわけではなく、他のカジノでもプレイしていたため、常に競合と比較される状況にありました。

ラブマン氏は、こうした状況のもとCOOを引き受けることになりました（その後、CEOになります）。彼はもともと経済学の博士で、コンピュータサイエンスが専門というわけではありません。また、カジノ業界の経験があったわけでもありません。

シーザーズの当時の状況は、多くの日本企業が抱える問題に通じるものがあります。こうした競争劣位にある会社や部門を任されたら、皆さんはいったいどうするでしょうか？　業務提携でしょうか？　銀行借入によるリノベーションでしょうか？　海外展開でしょうか？

ラブマン氏が最初に取り組んだのは、データへの投資でした。競合他社と同じような競争戦略を取ったのでは、資金力の差・顧客層やブランドの差を巻き返せないからです。データを見て初めにわかったのは、満足度が高かったユーザーが、次からさらに大きな金額を使う、というシンプルな法則でした。

そのため、ラブマン氏はさまざまな経営システムを顧客満足に紐付けて導入することにしました。顧客満足度を上げることを従業員の評価・給与体系に含めることは当然のものとして、そもそもどうすればより顧客満足度を上げられるかを検討しました。ここまでのアプローチは、企業アプローチとして何の変哲もない標準的な打ち手です。

ラブマン氏のアプローチのユニークさは、ここから際立ってきます。カジノ業界では、VIPは例外として、その他の一般顧客を、人によって違う扱いをすることは厳禁と考えられてきました。ラブマン氏はその方針を覆し、顧客によってオファーを変え始めたのです。

具体的には、プレイのために利用するカードの登録時に得られた「人種」「年齢」「居住エリアの経済水準」などの顧客属性を勘案し、どれほど損失を出すと「不満足」になってしまう人なのか、個人ごとにグループに振り分け、打ち手を変えたのです。

たとえば、「白人」「40歳」「女性」「居住エリアの平均所得が〇〇ドル」であれば、1日の損失で我慢できる金額は〇〇ドルまでと決め、その顧客の損失額がその金額に到達する前に従業員がプレイをやんわりと止め、代わりにレストランやアルコールのフリーチケットを配る、といった個別最適化手法が知られています。

データサイエンス関連投資で、シーザーズは投資額のおよそ10倍の収益をあげていると言われています。「人の懐事情を見て、搾り取れるだけ搾り取る魂胆はけしからん」と眉を顰《ひそ》める人もいるかもしれませんが、顧客ごとの満足度と収益性を最大化するアプローチの期待収益性は高く、カジノに限らず、個別判断が得意な機械脳の普及に伴い、確実に増えるでしょう。

ギャンブルの胴元にとっての「顔」の価値

顧客が満足することは一般的に良いことですが、その背景となる技術や個人情報がどのように活用されているのかによっては、顧客の離反を引き起こすリスクもあります。機械脳が容易にする個人ごとの最適化は諸刃の剣といえるでしょう。個人の特定がミリセカンド（1秒の1000分の1）単位で可能になる顔認識技術は、その最たる例です。

顔認識技術がギャンブル産業にとって有用なのは、カードと違って登録がなくても特定の顧客を識別できる利便性にあります。シーザーズが顔認識技術を導入したのは、今から10年以上も前の2002年のことです。不正防止や犯罪者データベースとの照合によって、カジノを一般顧客にとって安全な場所にすることがその目的としてアナウンスされました。

ただ、これまでのカジノによるデータ投資の歴史からすると、単に保安目的以上のインセンティブがカジノの経営者に働くことは容易に想像できます。事実、カジノ業界に画像認識サービスを提供する企業のパンフレットには、「保安」に加えて「VIPを見逃さない」といった売り文句が必ず並んでいます（もちろんブラックリストに載っている人物についても同様です）。

国内のパチンコ遊戯施設向けに画像認識ソリューションを販売している企業もいくつかありますが、こちらでも「顔認識によって、のめり込み過ぎを防止する」「犯罪行為を許さない」といったメリットに加えて、VIPを識別する機能を有しています。

無論、ギャンブルはその国の定める法律やガイドラインのもとに管理されているため、「顔を識別する」機能を有しているからといって「顧客によって出玉を変える」といった恣意的な操作が横行していると考えるのは飛躍のしすぎでしょう。ただ、そうした違法行為の摘発ニュースがあることからもわかる通り、技術的には顔情報による個人の特定は可能であり、その結果を用いて個人ごとに対応を最適化することができるのです。

顔認識技術が用いられている領域としては、たとえばフェイスブックやグーグルフォトなどの写真アーカイブの分類も身近です。加えて、犯罪捜査、商業施設における顧客属性や回遊分析、万引きの防止（「要注意人物」の来店時に店員に自動的に情報が共有されるもの）、セキュリティエリアへの入場管理などがあります。珍しい領域では、米出会い系サイト大手のマッチ・ドットコムが、利用者が過去に付き合っていた恋人の顔のパターンから、似た顔立ちの恋人候補を探し出すサービスなどがあります。

国内の事業者ではオムロンのサービスがよく知られています。同社のサイトにはどういった領域で顔認識技術が使われているかよくまとまっているので、チェックしてみるとよいでしょう（図表3－5）。

図表3-5　**オムロンによる顔認識技術の活用例**

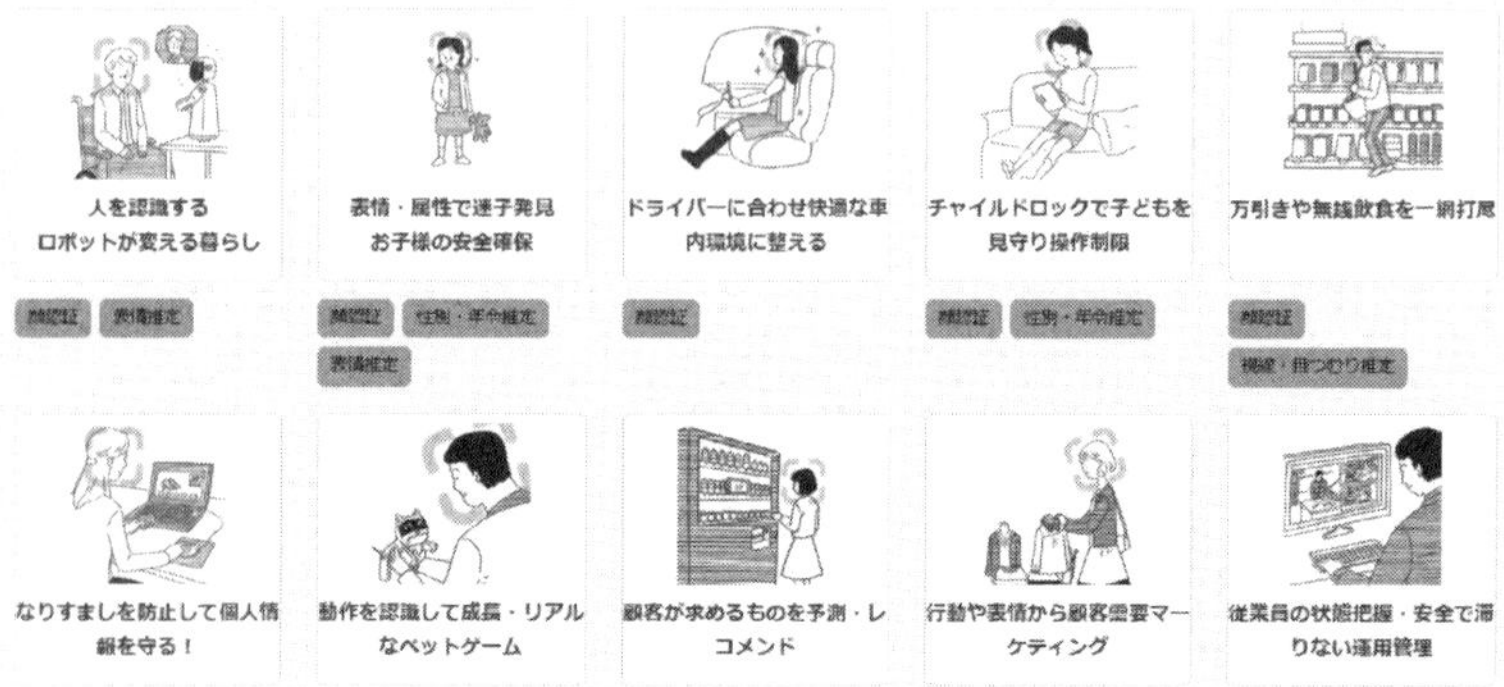

出所：オムロン ウェブサイト

顔は、人間が互いを識別する際に用いる手がかりのなかで、最も広範に利用されているものです。そのために幅広い応用領域があり、効果は大きい一方で、感情的な反発をもたらしやすいトピックでもあります。

シーザーズは顧客情報活用を積極的におこなっていますが、自社の個人情報利用は法律や米国連邦政府のガイドラインに準拠したものであることを繰り返し強調しています。現行の国内法においては個人を特定可能な名前などと照合ができる形で保管された顔写真は個人情報として分類されますが、匿名の顔写真にはそうした制限は及びません（少なくともそうした解釈が一般的です）。

ですが、その影響力の大きさから、今後は法規制が強化されていく領域と見て間違いないでしょう。

第4章

予測する機械脳

本章では予測する機械脳について論じます。予測する機械脳はすでに多くの産業分野で活用されています。ハリウッド映画の興行収入を脚本段階で予測するエパゴギクスもそうですし、デモテープの山から音楽アーティストを発掘するポリフォニックHMIもエンターテイメント業界では有名です。機械自身が感情を持っているかどうか、感情とは何なのかという哲学的な問いは別にして、「面白さ」や「音楽性」といった、いかにも人間らしい領域で機械脳が活用されることは、とても興味深いことです。

インターネットで買い物をしたり、映画をレンタルしたりしているのであれば、オススメ機能を目にしたことがあるでしょう。ここにも予測ツールが使用されています。

また、オンライン結婚相談サイトでも、どの会員とどの会員が「成約」、要はカップルになりやすいか予測し、その予測に基づいて推薦がおこなわれています。イー・ハーモニーの取り組みはその一例です。

金融分野でも株式・債券などの価格動向を予測するアルゴリズムが多くあります。金融分野におけるアルゴリズム活用の歴史は古く、なんと1977年から、アメリカの証券取引所でアルゴリズムを利用した取引がなされています。[1]

ヘルスケア領域では、健康組合がレセプトデータを使って健康状態の予測をおこなっています。日本では日立健康保険組合の例が有名ですが、それぞれの社員が、たとえば5年後に糖尿病になる確率はどのくらいかを予測しています。誰のリスクが高いかあらかじめわかれば、その人の生活習慣を是正してもらい、疾病を未然に防げるというわけです。

1. 証券取引におけるアルゴリズムの利用の発端について詳しく知りたい方は、クリストファー・スタイナー『アルゴリズムが世界を支配する』(KADOKAWA)を読まれるとよいでしょう。

公的セクターでは、犯罪発生場所を予測してパトロールパターンを変化させる軍用・警察用警戒計画作成支援ツールがあります。これは過去の事件発生傾向や、時期、地形、天候、他の類例から推測されたデータに基づいて、パトロールを最適化するものです。似たツールに、ニューヨークの消防署が利用している警戒計画作成支援ツールがあります。これは、通りや区画ごとに、火事の発生率がどれほどか予測するものです。電力量や空き家の割合など、時期ごとに変化する要素をモデルに加えて計算精度を高めています。

この章では、代表的なものをいくつか取り上げ、どれほど予測する機械脳が一般的になっているかを見ていきましょう。

ケース08 エパゴギクス：映画の興行予測

映画製作に「予測」が求められるわけ

「ヒットのノウハウなんて、わかれば苦労しない。たとえあったとしても、それは絶対、活字なんかになり得ないことなんだ」

これは、元任天堂代表取締役社長の山内溥《ひろし》氏による言葉です。

確かに、ヒット作を見つけ出すのは、今も昔も簡単なことではありません。しかし、そのノウハウから理論を抽出し、数式に落とすことが無理だとは考えていません。エパゴギクス社は、そうした活動をアルゴリズムによっておこなっている好例です。

ハリウッドでは、6つのメジャースタジオが年間に約20本の映画を製作しています。広告費を除いても、1本の映画製作コストは平均6000万ドルにものぼります。さらに、ある程度見込みのある脚本が現実味を帯びるまでにも1400万ドルのコストがかかると言われています。日本の映画製作費が平均3・5億円であることに比べると、実に20倍近くの初期投資が必要な巨大プロジェクトと言ってよいでしょう。

映画製作は、芸術活動であるだけでなく、経済活動でもありますから、製作者はこの巨額投資を回収しなければならないわけです。

エパゴギクスは、2003年にイギリスで創業されたデータサイエンス企業で、この巨額投資の回収確率を、ニューラルネットワークを利用した独自の脚本解析アルゴリズムを用いて、より科学的に管理する手法を提供する企業として、映画製作には不可欠な存在となっています。

創業直後の2004年、ある大手映画会社が未公開の映画の脚本9本をエパゴギクスのアルゴリズムが解析しました。9本の映画が全て公開され、上映が終了した後、エパゴギクスがはじき出した各映画の興行収入予測と、実際の結果とを比べたところ、9本のうち6本の予測が的中していました。会社側が1億ドルまたはそれ以上の興行収入を期待したものの、実際には4000

万ドルしか稼げず失望に終わった1本について、エパゴギクスのアルゴリズムは4900万ドルと予測していました。別の1本についても、誤差はわずか120万ドルでした。[2.]

製品売上の予測なら多かれ少なかれ一般的にさまざまな企業でおこなわれていますが、こうした興行作品のような、影響要因が多数考えられるものについてはどうすればよいのでしょうか？

もし明日あなたがそういったプロジェクトを任されたら、どのようにアプローチしますか？

エパゴギクスのアルゴリズムを推理する

ここからは、エパゴギクスによる過去の講演や、エパゴギクスのアルゴリズムについて断片的に取り上げられている記事や書籍の内容をもとに、ここまでに報告されている事実を整理して、可能な範囲でその仕組みについて解説します。

これまでエパゴギクスについては、「脚本段階で、完成後の映画の興行成績を専門家よりも高い精度で予測できる」ということがセンセーショナルに取り上げられているものの、その方法については、大まかにニューラルネットワークを使っているという記載にとどまり、どういったトレーニングデータやフィーチャー[3.]を使って予測しているかについては、詳しく取り上げられていることはめったにありませんでした。

２０１３年５月13日に損害保険数理のセミナーで、同社の創業ＣＥＯであるニック・ミーニー

2. "THE FORMULA:What if you built a machine to predict hit movies?" Malcolm Gladwell *The New Yorker* OCTOBER 16, 2006

3. 影響因子としてモデルに組み込む変数のことを「フィーチャー」と呼びます。

がおこなった約1時間の講演でも、アルゴリズムやトレーニングデータに関する詳細についてはほぼ触れられていません（図表4－1）。しかし、興行成績を予測するにあたって、専門家が評価した脚本のスコアをニューラルネットワークで解析し、実際の興行成績に対する予測精度が十分に高まるまで各フィーチャーの重み付けをチューニングしていることがわかります。

フィーチャーの「重み付け」とは、それぞれの影響因子が結果に与える影響が「どの程度大きい」とみなすか、という意味です。

ニューラルネットワークについては後述しますが、「**教師あり学習**」つまり興行収入の実際のデータを用いて、それを言い当てさせる機械学習の手法として一般的なものです。ここで「教師」というのは、アルゴリズムが正解にどの程度近いかを教師のように指南する、という意味で用いられています。

十分なボリュームの適切な教師データさえあれば、各フィーチャーの重み付けを最適化することは難しいことではありません。ニューラルネットワークであれ他の方法であれ、こうした計算アルゴリズム自体は書籍もありますし、ウェブ上で探せば多く一般公開されています。しかし、ここで興味深いのは、そしてエパゴギクスを業界でユニークたらしめているのは、この「専門家が評価した脚本のスコア」を、具体的にどういった評価内容で、どのように入手しているかという点です。

これについては、別のソースでいくつかの参考になる記述があります。

図表4-1　**エパゴギクスの予測アルゴリズムのイメージ**

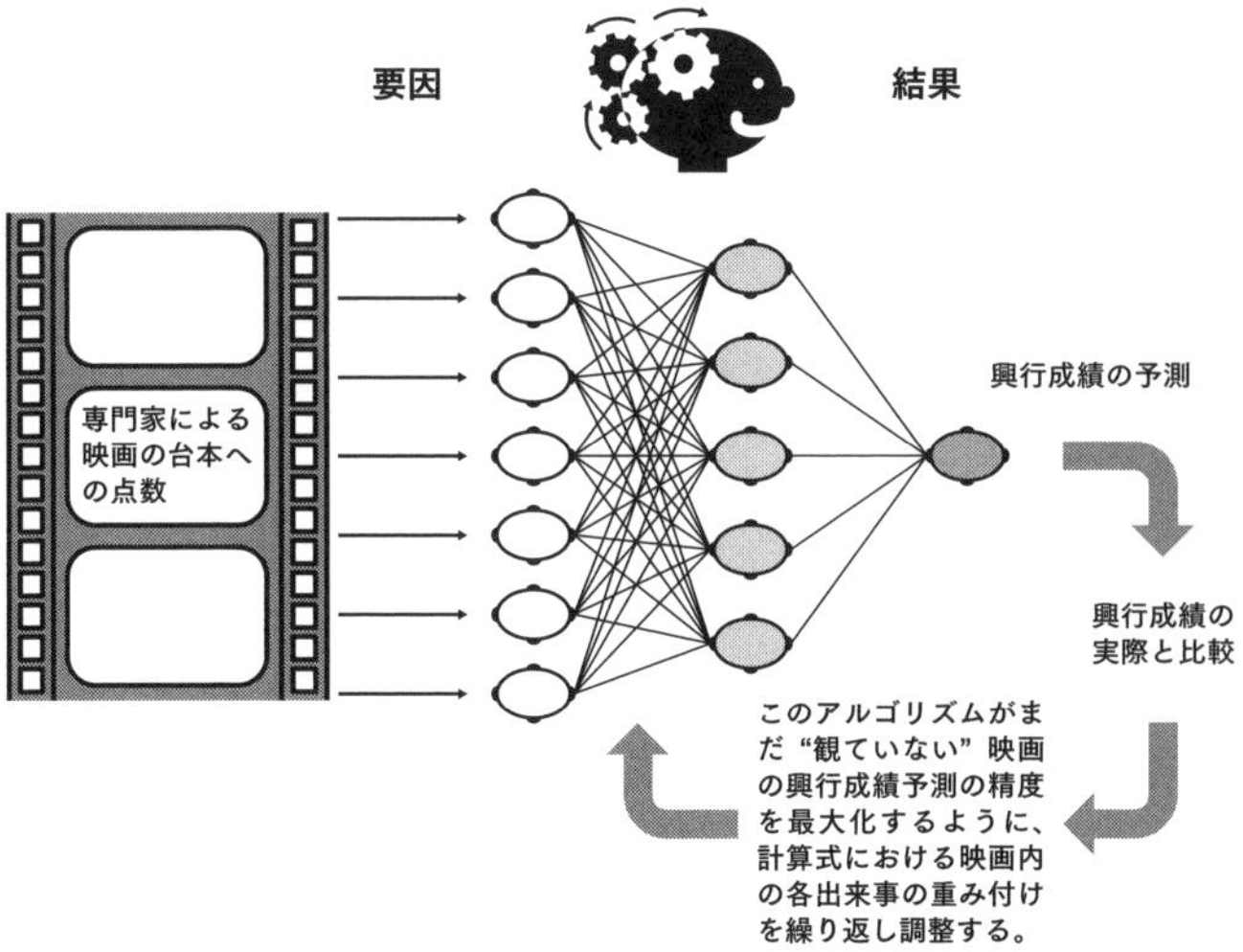

要因/入力	1	2	3	4	5	6	7	8	結果出力
映画内の出来事									
a	2	7	6	11	3	8	9	3	$25
b	2	7	6	4	2	8	9	1	$17
c	1	7	6	7	2	7	8	2	$20
d	8	7	6	7	2	7	8	2	$20
e	11	7	6	7	2	7	8	2	$21
f	11	7	6	7	2	7	8	5	$35
g	0	0	0	0	0	0	0	0	予測

出所: Keynote Speech at the Casualty Actuarial Society Seminar in CA by Nick Meaney, Epagogix より筆者訳

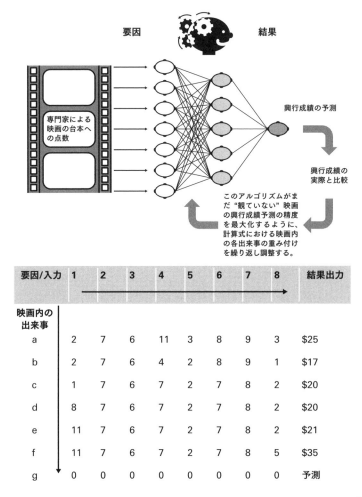

まずクリストファー・スタイナーの『アルゴリズムが世界を支配する』（2013）では、エパゴギクスについて次のように解説しています。

アルゴリズムが実際に取り込むのは、人間が脚本を読み、何百もの異なる要素に基づいて評価した報告書だ――ストーリー設定、主役のタイプ、脚本中の道徳的ジレンマ、脇役の設定、エンディング、恋愛話など、要素はいくらでもある。新しい脚本を買うかどうか判断するのに、もうフォーカスグループを招集したり、取締役会で議論をしたり、役員同士が意見をぶつけ合う必要はない。ただ評価をしてアルゴリズムに託せばいいのだ。しかし、いかに天才的とはいえ、このアルゴリズムは、せりふやストーリー、構想、キャラクターなどすべての要素について、まずは人間による評価を経る必要がある。

（123頁）

どうやら、専門家が評価する脚本スコアは、ストーリー設定、主役のタイプ、脇役の設定、エンディングなどの要素に細かく分けて記述されている、ということが読み取れます。では、これらのストーリーの各要素の重要性を計る基準となる、過去の膨大な映画の脚本については、誰がどのように、評価データを構築したのでしょうか？

この点については、マルコム・グラッドウェルが2006年に「ニューヨーカー」誌に投稿した記事「THE FORMULA」が参考になります。

この記事によれば、脚本評価データの原点は、創業者であるニック・ミーニーの大学時代の友人とその仲間（エパゴギクスでは敬意を込めてMr.ピンク&ブラウンと呼ばれています）が作ったデータベースのようです。そのデータベースは脚本そのものを要素単位で分解し、それをさらに大まかなテーマ別に振り分けた映像の百科事典のようなものと思われます。

さらに、より詳しく記述されている部分を一部抜粋してみましょう。

彼らはまず「トレーニング・セット」と呼ぶニューラルネットワークシステムを用意し、Mr.ピンク&ブラウンがすでに採点してある脚本にもとづいて、評価パターンを認識させた。そのとき、脚本のパターンだけでなく脚本それぞれの興収成績も一緒にネットワークに学習させていった。このニューラルネットワークはミーニーの知り合いの科学者がコーディングしたものだった。（中略）。彼はそれからMr.ピンク&ブラウンの採点結果データを使って、ニューラルネットワークシステムにすべての脚本の興収成績を予測させる訓練を施した。

たとえば最初の脚本では、

・ヒーローの葛藤：10ポイント中7・0　↓700万ドル相当を加算
・赤毛の魅力的な女の子の登場：10ポイント中6・5　↓300万ドル相当を加算
・ヒーローと4歳の男の子が共演するシーン：10ポイント中9・0　↓200万ドル相当を加算

という具合に、Mr.ピンク&ブラウンが付けた採点すべてに値付けがされていった。そして最終的に算出された予測価額は実際の興収と比較された。もちろん最初からぴしゃりと一致などするわけない。たとえば予測価額が2000万ドルで実際の興収が1億1000万ドルなら、今度はそれぞれの採点への重み付けを変えて再計算する……これを繰り返して最初の作品を的確に予測できる方程式ができあがる。

次にこの方程式を使って、最初の作品と2番目の作品の2つの興収を的確に算出できるよう方程式を改良する……こうして膨大な反復作業の末、データベースに収納されている全作品の興収すべてを的確に算出できる最終的な方程式ができあがったのだった。

これらの引用から、随分と具体的なアルゴリズムが浮かび上がってきました。つまり、ヒーローの葛藤、赤毛の魅力的な女の子の登場、ヒーローと4歳の男の子が共演するシーンなど、エパゴギクスでは、脚本にあるストーリーやキャラクター、その登場シーンが細かくフィーチャー（要因）に分解されて、それぞれを10点満点で評価しています。この評価は人力でおこなったようです。

さらに、各フィーチャーに対する重み付けを、予測の興行収入が実際の興行収入に近似するまで繰り返しニューラルネットワークで学習させています。その結果、それぞれの要素が興行収入にどの程度貢献しているか、あるいは足を引っ張っているかの重み付けを決めていることが読み取れました。

ここで一番人手がかかるのは、脚本の細かい、正確な評価データ構築でしょう。ゼロからこういったデータベースを作るには、映画の特徴となる項目を考えうる範囲で全て書き出し、その項目で点数をつけたうえで興行収入予測を繰り返して方程式の精度を高める他ありません。

エパゴギクスが実際に、過去何作品分の脚本解析データを持っているかは公表されていませんが、創業者の友人がその基礎を作った脚本評価のデータベースと、過去10年近くの事業で蓄積してきた映画脚本の評価データとその興行収入の結果は、この事業の参入障壁となっていることは明らかです。

ビジネスの観点からは、こうした優位性がエパゴギクスに存在するため、少なくとも同じ顧客を対象に、同じアプローチで参入することは良策とはいえないでしょう。

ちなみに、2013年に最も投資対効果が高かったアメリカ映画のトップ10は図表4－2のようになっています。興行収入上位は6大メジャーのビッグタイトルが多くを占めますが、ROIの観点ではその限りではありません。そう遠くない未来に、ROIトップ10ランキングの映画タイトルが、映画化を待ちながら人目に留まらないシナリオの山の中から機械が自動で見つけた、小規模予算で作られる作品に占められる日も来るかもしれません。

図表4-2　2013年に最も投資対効果が高かったアメリカ映画のトップ10

順位	タイトル	製作費（万$）	興行収入（万$）	ROI
1	The Purge	$300	$8,100	2700%
2	A Haunted House	$250	$4,000	1600%
3	Kevin Hart: Let Me Explain	$250	$3,200	1280%
4	Despicable Me 2	$7,600	$78,100	1028%
5	MAMA	$1,500	$14,600	973%
6	The Conjuring	$2,000	$19,300	965%
7	Dark Skies	$350	$2,640	754%
8	Spring Breakers	$500	$3,100	620%
9	Iron Man 3	$20,000	$120,000	600%
10	Evil Dead	$1,700	$9,750	574%

ケース09　アマゾン／楽天：購入予測とオススメ

2つの協調フィルタリングモデル

前節では、エパゴギクスという、影響因子が多数存在する売上予想モデルを扱いました。この節では、ユーザーごとの購入予測モデルについて説明します。アマゾンや楽天などでよく知られている「もしかして○○にも興味がありませんか？」というおなじみのものです。ここでもリアリティをもって読み進められるよう、購入予測についてのプロジェクトを追体験できるようにストーリー化しながら見てみます。前節同様、ここでも映画を題材に取り上げます。

『ハリーポッター』を借りた顧客は、『ロード・オブ・ザ・リング』を借りる確率は高いのでしょうか？　チェーン展開していないレンタルＤＶＤ店であれば、店長が個別のレンタル履歴を見て、なんとなくの直感に基づいてオススメをおこなっていました。しかし、顧客が１００人を超え、１０００人を超え、さらに1万人を超えると、こうした人手に頼った直感アプローチでは追いつきません。

もしこれが会社のプロジェクトであれば、どのように解決方法を考えますか？

こうした課題を技術的に解決する手法の1つは、**協調フィルタリング**というモデルを使ったものです。顧客が１００人いるとして、そのうち90人が『ハリーポッター』と『ロード・オブ・ザ・リング』の両方を借りていたとします。その事実から、以後、『ハリーポッター』を借りたユーザーに対して、『ロード・オブ・ザ・リング』をオススメします。これが協調フィルタリングの簡単な中身の解説です。この方法は、「アイテムベースの」協調フィルタリングと呼ばれます。

もう1つ、「ユーザーベースの」協調フィルタリングと呼ばれるものがあります。これは、まず借りているＤＶＤのパターンが似ているユーザーを見つけ、そして、似ているユーザーがすでに借りていて、本人がまだ借りていないＤＶＤをオススメするものです。

もし皆さんがこのオススメ自動化プロジェクトのリーダーであれば、これで満足するでしょうか？　この他に、オススメの効果を高める方法として何を考えるでしょうか？

どうすればオススメの精度を上げられるか？

実際に商用化されているアプローチには、借りただけではなく、ユーザーの行動ログが利用されています。たとえば、過去に何度も『スター・ウォーズ』のページを見ていることをモデルに取り込み、『スター・ウォーズ』の新作がリリースされたときにオススメするようなものです。映画が好きな人であれば、レンタルするだけでなく、実際の映画館に足を運ぶことも十分に考えられます。

単に借りた・借りなかっただけを頼りにオススメしていては、その人の本当の興味を見逃してしまう可能性があります。ユーザーの行動ログも見ることで、精度が高まるのです。

過去のレンタル履歴を含み、さらにユーザーの行動履歴まで含んだら、それで十分でしょうか？　実際にこの条件で実装したときを想像してみましょう。ウェブ上には実際の過去のレンタル履歴のテストデータが蓄積され、誰でもダウンロードできる形になっているものがあります。そうしたデータを使ってオススメのテストをおこなうと、『ハリーポッター』の1を借りた顧客には、なんと『ハリーポッター』の2や3ばかりがオススメされてしまいます。これではオススメのアルゴリズムとしてはお粗末です。

顧客は、当然自分が知っているものではなく、自分がこれから好きになるであろう、まだ見ぬ名作がオススメされることを期待していると考えてはどうでしょう？　その場合、どうすればそうしたオススメが可能になるでしょうか。

1つの工夫は、顧客が借りたものとはまったく関係ないものをオススメの中に紛れさせることです。もしユーザーがその映画をクリックしたり借りたりすると、ユーザーがその映画に何らかの興味があったということなので、「ユーザーのお好みリスト」にその映画を追加します。ただ、気まぐれでクリックしただけかもしれませんので、それ以降のクリックがない場合は、リストから外すことも考えられます。このように、動的にユーザーログを分析することで、よりユーザーの好みを把握することができます。

他の工夫としては、映画のカテゴリを利用するという方法があります。カテゴリの作り方も、いくつかのやり方があります。アクション、ホラーなど、昔ながらの分類方法でカテゴライズする方法もありますし、カテゴリをデータから作ってしまうという方法もあります。たとえば、ユーザーのレビューコメントをテキストマイニングすることで、その商品の「タグ」を作り、そのタグをカテゴリとして利用する、などです。そうすると、よりユーザーの声を反映したカテゴリができあがり、そのようなカテゴリをもとにレコメンドされた映画は借りる確率を高められます。

運用をイメージすれば、さらに改善案が思いつきます。たとえば、ユーザーのレンタル履歴やウェブサイト上の行動ログにノイズが交じることがあります。個人として映画を借りるのではなく、会社で資料が必要と依頼されて借りた場合、それはその顧客の趣味を表現するデータとして適切でしょうか？　ユーザーが何かの拍子に誤ってクリックしてしまった紹介ページからのオススメがずっと続くことも、妥当ではないでしょう。こうした場合には、ユーザー自身が「このオススメのもとになっているデータを削除する」という機能があれば、ユーザー自身にノイズを消去する権利を与えることになります。

楽天の社員ならどうすべきか？

さらに発展的な質問です。映画のカテゴリ制限を外し、あなたがアマゾンの社員としてこのオススメ・アルゴリズムを作る場合と、楽天の社員として作る場合、変えるべきものはあるでしょうか？

いくつかの考え方がありますが、私であれば「ある」と答えます。アマゾンと楽天はビジネスモデルが異なるからです。アマゾンは自社で製品を仕入れ、それを顧客に販売する小売事業者です。自分自身が店舗経営者である、という意味ですね。一方、楽天はショッピングモールです。つまり、消費者という顧客に加えて、小売業者を顧客とする、軒先を提供するモール、場の運営者です（もちろん多少の例外はあるので、ここでは単純化しています）。

したがって、楽天でオススメ・アルゴリズムを作成する場合にはどのストアから購入されたかをデータに加えるでしょう。店舗にも、優良顧客として扱うべき店舗とそうでない店舗があり、生涯顧客価値4.も異なります。生涯顧客価値が高い顧客の店舗から優先して、商品をオススメするようにチューニングするインセンティブが働くはずです。また、同じ店舗から同時に購入すれば、商品の配送料が無料になることがあります。どうせついで買いをするなら、同じ店から買ったほうが送料負担が減るメリットがあります。その結果、オススメ商品からの購入割合も高まる

4. 1人の顧客が生涯にわたって企業にもたらした利益の総額から、1人の顧客を維持するために支払った費用の合計を引いた数値。LTV（Lifetime Value）、顧客生涯価値とも言います。

でしょう。

　このように、ビジネスモデルが異なると、一口にレコメンド機能といっても検討するべきモデルが変わってくることがわかると思います。データサイエンスを学んでも、その力を最大限引き出すためには、ビジネス側にいるチームメンバーと深く意思疎通することが必要不可欠なのです。顧客ニーズや、インセンティブが働く仕組みについての洞察も欠かせません。また、皆さんがビジネス側にいるのであれば、データサイエンティストにビジネスの課題と目標をわかりやすく伝える必要があるのです。

ケース10　ヒューレット・パッカード：社員の退職リスク

退職率を大きく改善させた予測モデル

　機械脳による予測は、会社組織の外側に向いたものだけではありません。組織自体をその分析対象とすることも可能で、実際にそういった試みに成功している事例も出てきています。ヒューレット・パッカードはその一例です。

業種によって離職率は異なりますが、ヒューレット・パッカードの1年の離職率は約20％と言われていました。平均すると、チームに10人いれば、その内の2人は来年を待たず離職してしまう計算です。あらかじめ、誰が辞め、誰が残るのかわかれば、プロジェクトの任せ方も変わるでしょうし、人員計画ははるかに容易になるでしょう。

ヒューレット・パッカードは、退職するリスクを「フライト・リスク」と名付け、その数値化を試みました。結論から言えば、予測モデルの精度は高く、フライト・リスクの上位40％の中に全体の退職者の75％が入り、こうした兆候発見から年間で3億ドルの収益効果を得ていると言われています。

兆候が数字によって客観的に把握できるようになれば、予測だけでなく、対策を打つこともできるようになります。

給与が高い・昇進が多い社員はフライト・リスクが低いだろう、という予測は容易にできますが、このモデルによって、そうした常識に反する現象が発見されました。確かに、大部分の部門では昇進は退職リスクを押し下げる要因でしたが、一部組織ではまったく逆ということがわかったのです。詳しく見てみると、その部門では昇進・昇給が小刻みで、責任や負担増に見合ったものではないことがわかりました。マネージャーに昇進する際に「責任ばっかりで大変だよ」という愚痴をこぼすスタッフがいたとしても、そのリスクが数値化されなければこうした課題が実質的に機能不全をもたらしている部門がどこで、対策が必要かどうかを判断するのは難しいでしょう。

　こうした分析と対策から、ヒューレット・パッカードの退職率は20％から15％程度まで低下し、現在も下がり続けていると報告されています。

　これは会社にとっての成功ストーリーとしては鮮やかなものです。確かに適切な予防策を適切なタイミングで取ることが可能になり、人材管理の効率は上がるのでしょう。が、そこで働く個人としては、少し気味の悪さを感じるでしょう。もし誰にも話していないのに、いつの間にか会社が自分の退職計画を察知していたら、誰でもびっくりするでしょう。また、その逆で辞める気もないのに「退職リスクの高い社員」と思われて冷遇されるのも不本意に感じることは想像に難くありません。

　しかし序章でも述べた通り、本書は未来の理想像について論ずるものではありません。是非や個人の好みはともかく、個人の振る舞いについて予測する取り組みはすでに存在する事実であり、成果が出ている以上、今後もそうした試みが拡大する可能性は高いと考えるのが現実的です。皆さんが所属する組織においてもこうした分析がなされる可能性（もしくはすでに開始されている可能性）があるでしょうし、皆さん自身がそうした分析プロジェクトをリードすることを求められる可能性だってあるのです。

社内に焦点を当てる予測プロジェクトのポイント

予測プロジェクトの実現可能性は、データの入手可能性や技術的制約だけで決まるわけではありません。特に社内に焦点を当てる予測プロジェクトの実現可能性は、社内政治や人事からの介入を避けて論じることができません。

いかに優れた数理モデルを作っても、それが現実に組織に所属するメンバーに使われなければ価値がありません。そしてそのためには、使うメンバーの立場に立って考えることが肝要です。今まで存在しなかった手法で、難しい予測モデルを見せられてもなかなか動けるものではありません。もし皆さんがプロジェクトリーダーであれば、次のようなメンバーの疑問に答え、説得しなければなりません。筆者の経験でも、こうした「成果の予想が立てにくいもの」を組織の中で通すのは容易なことではありませんでした。

【しばしばメンバーから投げかけられる疑問】

・そもそもこの取り組みが必要なのはなぜなのか？　今までやっている個々人での離職リスク予想では何がいけないのか？

・この取り組みで期待している成果は何か？　いつまでにその成果を得る必要があり、自分には何が求められているのか？
・取り組みが必要だとして、モデルは妥当なものなのか？　どの程度の精度なのか？
・モデルが妥当だとして、どのように使えばよいのか？　使い方における落とし穴や、上手な活用方法はどのようなものか？

複雑なデータサイエンスを駆使する先進的な取り組みなのに、このような旧態依然とした社内での説得が必要となることは一見不釣り合いです。しかし、これはデータサイエンスという武器がまだ珍しい、新しいものだからこそ、なおさらに必要な思考です。逆に、データサイエンスという武器の新しさに自分が心酔しているがゆえに、組織が一般に持つ、新しいものに対する抵抗への配慮が欠けて、プロジェクトに協力が得られぬまま頓挫することは多々あります。データサイエンスの取り組みは団体競技であって、個人技でないという主張には、こうした理由があり、このことをどれだけ強調しても強調し過ぎることはありません。

ケース11 クライメート／プログレッシブ：保険

データの分散処理技術が可能にした自動天候保険

データサイエンスのプロジェクトをおこなう場合、世界に類を見ない画期的なアルゴリズムを開発しなければならないというイメージがあります。しかしそれは誤解です。クライメート・コーポレーションのケースを通じて、そうした誤解を解消しましょう。

古代より、気象予測は人々の生活に大きな影響を与えるものとして重要視されてきました。パスカルが圧力の概念を提唱するはるか昔から、さまざまな方法で予測がおこなわれていました。では、近年のデータサイエンスの進歩は、この領域にどのような変化をもたらしたでしょうか。

気象予測とデータサイエンスを語るうえで外すことができないのが、クライメート・コーポレーションです。同社は２００６年にグーグルを退職したエンジニアらによって創設され、２０１

3年に世界最大のバイオ農業メーカーのモンサントに約1000億円で買収されました。

現在では、農地の生産性向上のための提案を提供しており、その点で着目されることも多いのですが、もともとクライメート・コーポレーションが提供していたのは、データサイエンスに基づく自動天候保険でした。今までの天候保険は、実際の被害の発生を証拠として提出し、それが認められれば保険金が支払われる、というものでした。このプロセスは農家にとって煩雑であり、どこまでが認められる・どこからは認められないといった衝突が絶えませんでした。

クライメート・コーポレーションが提供し始めた「自動」天候保険は、被保険者の農家の農場が立地する場所での天候を記録し、たとえば台風が通過したならば、それによって発生する損害を算出して証拠提出の必要なしに保険金を支払うという画期的なものでした。

天候の予測自体は、決して目新しいものではありません。予測に使用するアルゴリズムも、クライメート・コーポレーションにしかない画期的なものではありませんでした。また、使用データも過去の日光量・気温・風向きなど、今までの気象予報に使用されていたものでした。

彼らが画期的であったのは、技術ではなくむしろビジネスモデルであり、それを可能にした鍵は大量データの分散処理技術でした。つまり、今までは誰もできなかった個別農家に向けた保険の価格付けができたことが、クライメート・コーポレーションにとっての成功の鍵でした。

天候保険商品を提供するためには、そのリスクがどれほどの確率で起こるかを考えなければなりません。しかも、世界中に点在する農家それぞれの場所における特定天候リスクを計算する必要があるのです。これは膨大な計算量です。

クライメート・コーポレーションでは、Hadoop（ハドゥープ）と呼ばれる今となっては一般的な分散処理システムを使っています。これによって、世界中の天候予測という、1台のコンピュータなら何週間もかかってしまうような膨大な処理を、複数のコンピュータに分散することで、わずかな時間で処理できるようにしています。

データ量が肝になる自動車保険

では、同じようにビッグデータを保険サービスに活用するビジネスでは、必ずデータの分散処理技術が鍵になるのでしょうか？

いいえ、そうとは言い切れません。ビッグデータの保険活用でいえば、自動車保険の例が有名なので、その例を見てみましょう。

これは、一部の危険運転ばかり繰り返す人と、大部分の安全運転の人でリスクが異なるのだから、保険料も変えよう、という考えのものです。たとえば抱えるリスクが異なる人には、別々の保険料の値付けをしようという原始的な保険としては、走行距離記録によって保険料を変えるもの（Pay As You Drive）がありました。その進化系として運転傾向によって価格を変更するもの（Pay How You Drive）が登場しました。米プログレッシブ保険社が世界初の Pay How You Drive 型の保険商品を発売したのは1998年ですから、分散処理技術も萌芽期でしたし、コンピュータの処理速度も今日と比べてはるかに遅かった時代でした。5.

車の情報は1秒ごとに集められます。集める情報は、日付・時刻・速度・加速度・緯度経度・走行距離・燃費などです。しかし、こうしたデータはとても軽いのです。1顧客あたり、年間に蓄積される情報量は10メガバイト程度と言われています。1000円で買えるUSBメモリでさえ、これよりはるかに大きなデータ容量があります。被保険者全員分集めてもたかが知れています。しかも、これはリアルタイム処理をする必要がないのです。保険料の改定タイミングの6ヶ月なり、1年なりのタイムスパンで決まっていればよく、要求される処理スピードの観点でも、午後の天気予測が必要な天気予報に比べてデータ処理に要求される水準がはるかに低いのです。

むしろ、ビジネス上で大事なのは実際のリスクに見合った保険料の値付けをすることであり、そのために必要なのは予測精度の向上です。

自動車保険の予測精度を高めるために最も重要なのは、運転データの入手です。天候データと異なり、自動車の運転データは個々人が保有しています。データ販売会社から買えば手に入るものではありません。アルゴリズムの巧拙よりも、データ自体の量が決定的に重要です。同じアルゴリズムでも、データが増えれば予測精度が上がります。日本の保険会社のように加入者の情報を連携している場合でも、運転記録の全てが共有されているわけではありませんから、これはビジネスとしての成否を分ける重要な点です。

ただし、運転データに基づく保険料の値付けには、困った点があります。大規模なユーザーを抱えるPay How You Drive型の保険サービスを提供する保険会社でも、「新たに」加入する利用

5. 現在のプログレッシブの機械学習の活用の詳細については、次のサイトを参照。https://livestream.com/h2oai/events/4138496

者がどれほど安全に運転するか、したがって保険料をいくらにするべきかわからない点です。加入者データを企業間で共有しても、初めてのドライバーについてはデータそのものが存在しませんし、商用車のように運転手が変わる場合もわかりません。しかし、依然としてデータ量が重要なことは変わりません。

これからは、1年〜半年よりもさらに短い期間での運転データから残り期間の保険料を算出・変更する方法や、自社の保険への加入前からスマホアプリなどで運転データを入手して保険料を提示する方法、ユーザーへのリアルタイムの安全アドバイスによって事故リスクを減らす方法などが試されるでしょう。

一口にビッグデータ×保険といっても、分散処理技術が大事なのか、データが大事なのか、さまざまであることを見てきました。こういった広範な洞察を1人のスーパータレントの解決に頼ることは現実的ではありません。ビジネスを成功させるための鍵がどこにあるのか、サイエンスチーム、エンジニアチーム、ビジネスチームで連携してあたることが大切です。次章以降は、その具体的な方法を見ていきましょう。

第5章

機械脳の設計レシピ

機械脳を作るＡＢＣＤＥフレームワーク

ここまでは、機械脳が一見極めて複雑高度な処理をしているように見えても、実はその内容は「可視化」「分類」「予測」というシンプルなものだということを見てきました。また、実際の企業の取り組みケースを見ることで、どのように機械脳が作られるのか、本書を読み始める前に比べて随分とイメージが湧いてきたのではないでしょうか。

この章ではついに、機械脳を作る具体的なフレームワークについてお話ししたいと思います。フレームワークは、答えそのものを出すものではありません（レシピ本を買ってきたら料理が仕上がるわけではありませんね）。しかし、思考を整理することができます。また、チームで同じプロジェクトについて話す際の共通言語になります。フレームワークを共有することで、いま議論しなければいけないものの範囲や、どう評価するのかについて議論が噛みあうようになります。

ここで紹介する方法は、機械脳を作るときに考える必要がある項目の頭文字を取って、「ＡＢＣＤＥフレームワーク」と名づけています。

【ABCDEフレームワーク】

A＝Aim（目的）
B＝Brain（機械脳の種類）
C＝Coding/Construction（プログラミング作業・実装）
D＝Data（データ選定と整備）
E＝Execution（実行）

序章でも記載した通り、機械脳の応用領域が広範に広がり、そのコストが下がっています。そのため、近い将来に皆さん自身が職場でこうしたプロジェクトに関わる可能性があります。本書を読むよりも、実際のプロジェクトに関わることで学ぶことのほうがはるかに多いでしょう。

しかし、料理でもレシピがあるのとないのでは、効率に大差が生まれます。本章は、どんな機械脳のメニューにも全て対応できる魔法のレシピではありませんが、時代が変わっても、機械技術が発達しても、代表的なメニューに対応できる基本レシピになっています。

図表5-1　ABCDEフレームワーク

A Aim（目的）	この機械脳が何を達成すれば、目的を達成したといえるか
B Brain（機械脳の種類）	この機械脳は、どのようなアルゴリズムを用いているのか
C Coding/Construction（プログラミング・実装）	この機械脳のプログラムやサーバー構成は、どうなっているのか
D Data（データ選定と準備）	この機械脳はどのようなデータを学習して判断をおこなうのか
E Execution（実行）	この機械脳を実行に移す際の組織プロセス、オペレーション方法はどのようなものか

データサイエンス本の盲点

多くのデータサイエンス技術書で書かれているのは、Brain（**機械脳の種類**）とCoding/Construction（**プログラミング作業・実装**）です。つまりどういうアルゴリズムが世の中にあり、それをどうプログラムに書きおろすか、ということが中心です。

しかし、これはいざ機械脳のプロジェクトにとりかかるときに考えるべきことの、ほんの一部でしかありません。プログラミングやデータサイエンスのバックグラウンドがない方が、プロジェクト上で業務知識が必要になってこの種の本を手に取ると、途方に暮れてしまうでしょう。

まず、実際にプロジェクトで機械脳を扱おうとすると、最初に考えるべきはAのAim（**目的**）です。これが後のB／C／D／Eの全てを規定する、極めて重要な要素です。ただし、現実のプロジェクトにおいては目的が曖昧な状態からなんとなく話が進み、そのなかで真の目的を決めなければならないことがよくあります。

また、Data（**データ選定と整備**）も必須の検討項目です。ケーススタディや教科書では、もともとデータがあり、それをいじる方法が詳述され、よい予測モデル（予測をするための計算手順・枠組み）ができたらそこで解説が終わります。しかし、現実はそうではありません。教科書やケーススタディのような完璧なデータセットはないのです。そもそも目的達成に対して最も理にかなったデータは何でしょうか？ 現実に今それが手元になければ、どうやって入手すればよいのでしょうか？ そして、もし手元にデータがあった場合にも、データクリーニングと呼ばれる標準化作業が必要になります。

Execution（実行）は、作った機械脳が実際に機能を発揮するまでに、どういう関係各所との交渉、合意形成や現場を味方につけていくプロセスを取るか、というものです。この過程について触れているデータサイエンスの本もほとんどありません。

一方で、起業家インタビューのように、実行側面だけを取り上げるものはありますが、逆にA（目的）からD（データ）が抜け落ちており、具体的にどういった意思決定をしたのか、「コチラを立てればアチラが立たず」のトレードオフ問題をどうやって解決したのか、さっぱりわかりません。どんなデータセットが選択肢として検討されたのか、どういう交渉があり、どんなリスクを取ったのか、いざプロジェクトをおこなうと、知りたい要諦はそういったリアルな意思決定に対峙したときの先人の姿勢だったりします。

次の節から、A〜Eのそれぞれのステップごとに、要するに何が大事なのか、皆さんにお伝えしようと思います。「よくある落とし穴」と、その逆に「どうすればよいのか」を順に見ていきましょう。

便宜上、A（目的）からE（実行）までを別々の節で記載していますが、大切なのはAからEまでを一気通貫してデザインすることです。A（目的）やD（データ）の利用可否で、やるべきことはかわります。E（実行）の制約条件が判明することで、B（機械脳の種類）を変えることもあります。

機械脳の設計・製造プロセスは、薪割りのように上から下へ一気に決まっていくものではなく、非常に有機的な取り組みなのです（図表5－2）。

図表5-2　**機械脳の設計プロセスは、直線的ではなく有機的に進んでいく**

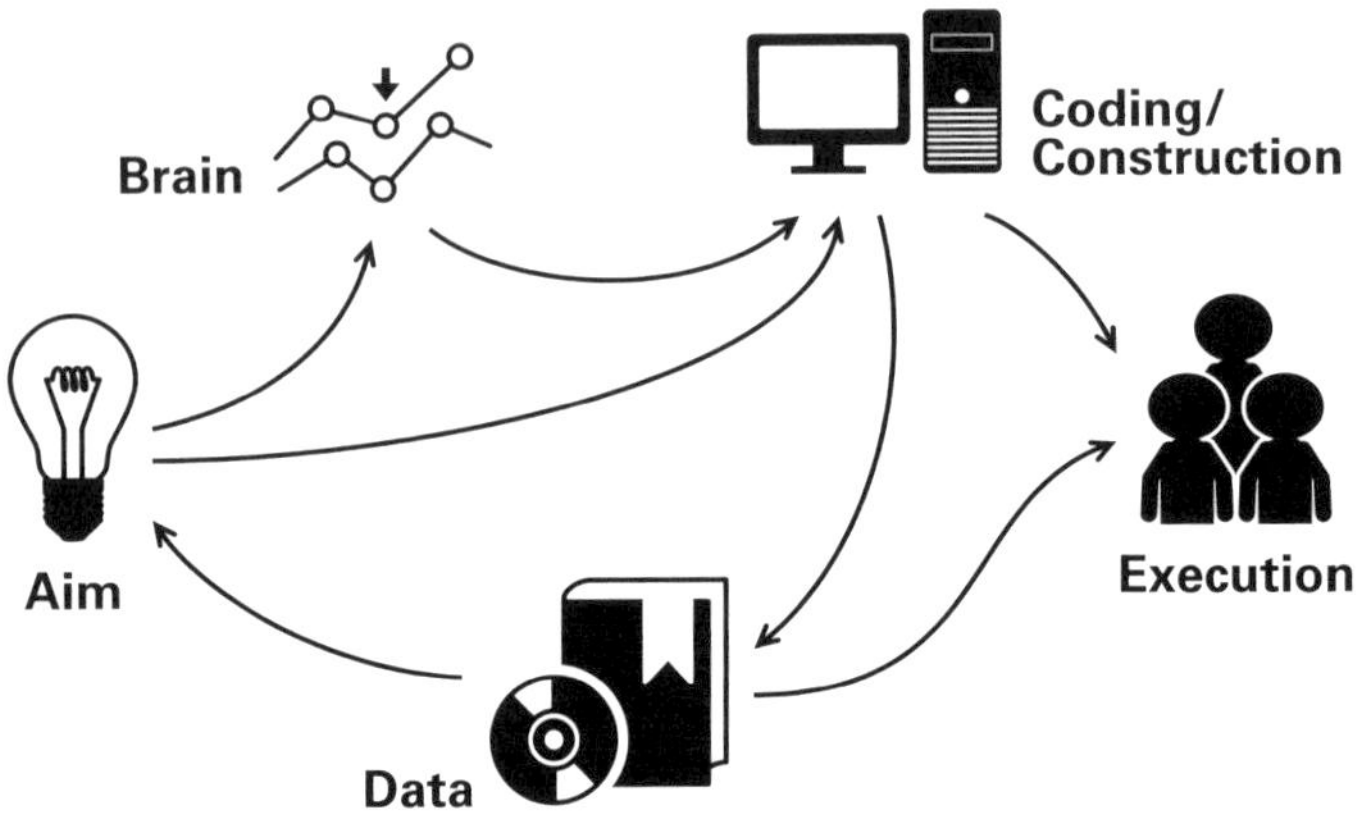

A：Aim（目的）

目的を定めるときは「SMART」に集約せよ

よくある落とし穴

Ａ（目的）パートのよくある落とし穴は、間違いなく「目的がはっきりしない」ことです。前章まで で、さまざまな成功例を読んできた皆さんからすると、不思議に思われるかもしれません。しかし、目的が存在しないままプロジェクトが進み、多くのリソースが無駄にされることが何と多いことか。筆者の経験だけでも、１つの節では到底書き尽くすことができません。講演会の質疑応答、懇親会やコンサルティングをおこなう際によく聞かれるコメントをいくつかあげてみましょう。

「私達はシステム子会社なので、親会社のデータをたくさん持っています。グループ全体

に貢献するために、そのデータをなんとかしなければと考えています。目的は、貢献を最大化することです」

グループ企業に貢献するのは立派な動機ですが、それはきっかけであって機械脳設計時の目的ではありません。データサイエンティスト、データエンジニアに目的関数として説明できるくらい、具体性を持たせる必要があります。

「**営業マンの実力のばらつきが多くて困っていて、それを底上げしたいんです。全員にｉＰａｄを配っているので、そのデータを使えば何とかなるだろうと上からは言われていますが……**」

やや具体的になってきました。しかし、これではまだビジネス背景と、利用できるかもしれないデータ源についての洞察です。百歩譲って「営業マンのレベルを底上げする」を目的にするにしても、これでは粗すぎます。

タブレットを使ったオンライントレーニングやテストによって特定のスキルの点数を高くしたいのでしょうか？　それとも、タブレットを使って顧客説明をリッチにすることで、スキルは上がらなくてもよいから売上をあげたいのでしょうか？　タブレットから得られる行動情報から、本社がタイムリーに指示を出せるようにしたいのでしょうか？　ＧＰＳでサボりを見つけて規律を正したいのでしょうか？

打ち手の範囲を決めなければ、具体的に設計することはできません。

「**データ分析を自動化する目的は、マーケティング部に対するSNS上の市場動向を適切にレポーティングすることです**」

一見もっともらしく聞こえますが、不十分です。まず、レポーティングそのものは企業活動の終着点ではなく、その次に何かがあるはずです。それは何でしょうか？

レポーティングの質は、それによって実現されたアクションで評価されます。どこまでが適切なレポートで、どこからが不適切なレポートでしょう？　網羅性が大事なのでしょうか？　それともタイムリー性が大事でしょうか？

電池の発火など異常値を見つけていち早く回収・発表などの対策を打つための分析と、会社のPR動画の拡散と閲覧を評価して、CMやPRの予算配分を最適化するための分析と、自社製品にかぎらず一般主婦が家事で不満を感じていることの抽出分析では、やることがまったく違います。

「**目的は、高速道路で自動運転ができるような、長距離トラック搭載用の自動運転機能のモジュールを開発することです。1台あたり500万円未満で搭載できる価格ラインに抑えます**」

目的としてかなり具体的になってきたように見えますね。これでプロジェクト目標として十分でしょうか？　実は十分とはいえません。もし皆さんがこのプロジェクトのリーダーだったら、これでプロジェクトの段取りやスケジュールを書けるでしょうか？

実際に書いてみれば、答えはすぐにわかります。スケジュールは書けません。目的に不可欠な期限が決められていないため、目的から逆算してスケジュールを立てられないのです。20年後の日本の高速道路を考えればよいのか、3年以内にカリフォルニア州からドライバーライセンスを受けられるようにするのかで、アプローチは違います。

とはいえ、現実には目的が最初から明確であることはかなり稀です。しかしそれでも、曖昧な当初の目的を、そのまま放置してプロジェクトを遂行するとその後のプロセスのどこかで破綻が起きます。

後述する機械脳のモデルや、データ整備には、毎回必ずトレードオフが発生します（トレードオフとは、株式銘柄の安定性と成長性のように、両立困難な二項対立を意味します）。機械脳の分野では、機械脳の精度と計算速度、データの網羅性と入手容易性など、多くのトレードオフがあります。これらの右か左かの舵取りを決めるコンパスになるのがＡ（目的）です。機械脳の製造プロジェクトにおいて、毎回の意思決定でチームが右往左往するのは、Ａ（目的）が明確でないからです。

取り組みのポイント

では、どうすればよいのでしょうか？

スーパータレント一任ではなく、本書で提唱するチームモデルでの機械脳開発は、複数のキーメンバーが関わります。そのため、主要メンバーにとってはわかりきっていると感じられても、次のような形で目的を書き出すことです。そうすることで誤解なく、はっきりとした概念をチームで共有することができます。

- **（手段）　〇〇することを通して**
- **（対象）　〇〇が**
- **（数値基準）　〇〇となることを**
- **（期日）　〇〇までに達成する**
- **（制約条件）　ただし〇〇とする**

プロジェクトの目標設計については、機械脳でも、それ以外のビジネスプロジェクトでも使える合言葉があります。「**SMART（スマート）**」です。「目的設定はSMARTに」と覚えてください。

SMARTとは、S：Specific（具体的な目的）か、M：Measurable（測定可能な目的）か、A：Achievable（達成可能な目的）か、R：Relevant（意味のある目的）か、T：Time Bound（期限付きの目的）か、の頭文字を集めたものです。

理解を深めるために、いくつか具体例を書いてみましょう（イメージをつかみやすいよう、本書で取り上げた企業を場面として設定しますが、各目的は筆者が作成した架空のものです）。

ネットフリックスのSMARTな目的例

（手段） 顧客ごとのデータと映画ごとのデータを評価して、顧客ごとに最適化されたオススメ映画を表示することを通して

（対象） 既存顧客1人あたりの平均月間レンタルされる作品数が

（数値基準） 現在の1・00本／月から1・03本／月の3％増になることを

（期日） 6ヶ月後までに達成する

（制約条件）
- ただし、顧客アンケートなど、顧客ごとに回答する・しないが分かれるデータは使わず、今あるデータセットのみで実現するものとする
- 4ヶ月時点で、システム実装を伴わないユーザーテストをおこない、新アルゴリズム群と旧アルゴリズム群を分け、レンタル意向を示す割合が6％以上

の差をつけて優位性が示されることとする

目的で記載するべきそれぞれの項目が埋められていて、SMARTな目標設定になっています。プロジェクトのリーダーから、ざっくりと「もっと動画が借りられるようにしなきゃいけない。データはたくさんあるんだからやってみよう」と言われた場合と比べてみましょう。SMARTフォーマットで目標が記述されたほうが、何を使うか、何が対象か、改善基準はいくつか、いつまでにやるのかがはっきりします。

達成基準がはっきり定量化されているのに対して、顧客ごとのデータ、映画ごとのデータにはどこまでが含まれるのか、上記からは必ずしも明確ではありません。しかし、これは目標を定めるものですから、手段については試行錯誤できる範囲・領域を示せばよいでしょう。

制約条件に、検証方法についての言及があります。これは、6ヶ月で目標を達成するために、4ヶ月時点で目処をつけられるようにセットしているものです。試行錯誤型プロジェクトは大体納期を逃します。期日達成前にマイルストーンを設けることで、そこに向けてのジャンプスタートが切れますし、軌道修正するにも、目標達成時期を再考するにも、プロジェクト期日の最後になってから未達が露見するよりもずっと組織のコントロールがしやすくなります。

中間テストでの達成割合を倍にしているのは、テスト環境下のほうが実行環境下よりも偏って良い成果が出てしまうことを懸念しているためです。

繰り返し強調している通り、データサイエンスのビジネス活用はチームスポーツです。そのため、こうしたチームの動きを効率化する連携やスケジューリングが重要です。

もう1つ、コマツ製作所を例として見てみましょう。コムトラックスは、建設重機とデータを連携して故障余地や自動運転などをおこなえるデータプラットフォームでした（第2章ケース2で紹介）。

コマツ製作所コムトラックスのSMARTな目的例

（手段） エンジンの作動音のデータを故障予測データに加えたアルゴリズムを改良することを通して
（対象） 14日以内にエンジンが故障する予測が見逃す割合が
（数値基準） 現在の5％から3％に下がることを
（期日） 12ヶ月後までに達成する
（制約条件） ただし、全警告に占めるFalse Alert（誤警報）割合は、現状より高くしないものとする

これも、チームリーダーからざっくりと「もっと故障を事前に教えてほしい」と言われるよりも、データサイエンティストが何をするか、データエンジニアが何をするか、アクションへの示

唆が読み取りやすい目標になっています。

エンジン音は今もサンプリングしているけれど、その読み取り結果の解釈精度を上げよう、ということですから、データエンジニアは過去の故障ケースや故障直前で予防できたケース一覧と故障発生日時データの確認、故障前の音声を含むデータセット・故障していない通常データセットの用意をすることになるでしょう。データサイエンティストは、それらのデータセットをもとに、複数モデルで計算してみてどれが良かったかを検討することになります。

故障前のデータ、通常運行時のデータを揃えるのは、その差分に答えがあることが多いからです。通常運行時にはしない種類の音が異常発生前には聞こえる、ということです。

音声データだけを集めるのではなく、他のデータも集めるのは、そのほうが情報解釈が容易になるからです。

エンジン音が極端に大きくなっているが、排気量も、振動も、温度も上がっている

↓通常運行

エンジン音が極端に大きくなっているが、排気量も、振動も、温度も変わらない

↓何かの異常発生

このように、エンジン音単体ではほとんど差がなくても、他のデータと組み合わせることで、機体全体の振る舞いがわかるのです。後者は、エンジンが正常に機能すれば上がるはずの排気

量・振動・温度が上がらないので、何か通常の音の性質とは違うものがあるのだな、と仮説を作ることが可能になります。

制約条件の誤警報については注意が必要です。こうした警報を出すときには、警報を受ける意思決定者が「どうせまたエラーだろう」と思ってしまうと、データが意思決定にうまくつながらなくなるのです。

これは、「**感度 Sensitivity**」と「**特異度 Specificity**」の問題です。「感度 Sensitivity」とは、本当にエラーであるときに、エラーだと診断できる割合です。「特異度 Specificity」とは、本当はエラーでないときに、エラーでないと診断できる割合です（図表5－3）。ほとんどの場合、感度を上げると特異度は下がり、特異度を上げると感度は下がってしまいます。もちろん理想的には両方とも高いアルゴリズムがあると良いのですが、それができない場合、チーム全体としてトレードオフの中で何を優先するか、という難しい問題を解かなければいけません。

そのため、故障の見逃し率を5％から3％に減らしたいからといって、甘い基準で「これも故障かもしれない」「あれも故障かもしれない」と指摘するのはよくありません。チーム内でコミュニケーションするときには、警報を出したもののうち、本当に問題が起こっているケース（ヒット、True Positive）と、本当は問題がなかったケース（誤警報、False Positive）の割合をどうする、という具体的な数で議論するようにしましょう。

「私の会社では目標を立てるだけでも一苦労で……」という苦労話を聞くことがありますが、機械脳の目標の設定はこれまで見てきた通り、多くの専門的な知見を要する、高度な知的作業です。そして目標は、これから組織が相当な期間と労力を投じて実施することの地図となり、コンパスになるものです。一苦労どころか、十分な労力と熟考を経てこそ決めるものであり、目標なしには達成はないことを肝に銘じてかかるべきでしょう。

図表5-3　**参考：感度と特異度の考え方**

	実際に故障（True）	実際には故障でない（False）
アルゴリズムは故障と診断（Positive）	○ ヒット（Hit, True Positive）	× 誤警報（False Alarm、False Positive）
アルゴリズムは故障でないと診断（Negative）	× 見逃し（Miss, False Negative）	○ 正棄却（Correct Rejection, True Negative）
考え方	感度＝ ヒット÷（ヒット＋見逃し）	特異度＝ 正棄却÷（誤警報＋正棄却）

モデルのトレードオフを乗り切れ

よくある落とし穴

どのような道具にも、固有の特長があります。ノコギリにはノコギリの得意な作業がありますし、トンカチにはトンカチの得意な作業があります。

B：Brain（機械脳の種類）ステップでよくある落とし穴は、道具の得意な作業をさせず、得意領域に一致しない仕事を無理やり機械脳にさせてしまうことです。機械脳は、大工道具のような物理的な形を持っていないため、間違った道具を使っているときもその過ちが見えにくいものです。

こうした落とし穴に落ちてしまう原因は、大きく分けて2つです。1つ目は、この章で説明するA～Eのステップのうち、B以外の内容がはっきりしていないことです。すると、B：Brain（機械脳の種類）への要請がわかりません。A：Aim（目的）もぼんやりしている、E：Execution（実行）もあやふやだと、正しい道具も選びようがない、というわけです。

もちろん、こうした目的だろう、こうした実行体制が敷かれるだろうという想像の範囲でモデルを選ぶことはできます。しかし、それは「おそらく木製の犬小屋を作るのだろう」という想像をしてノコギリを準備するようなもので、運頼みのやり方です。作るものが子供向けのビニールプールだと、空気入れの機能を持たないノコギリはとたんに無用の長物になり、しわくちゃのビニールの前でただ呆然と立ち尽くすしかありません。

機械脳の設計は、抽象度の高い知的作業です。抽象度の高い作業にはこうした目に見えない落とし穴が無数に空いており、大抵は落とし穴に落ちている当事者もそのことに気づけません。大工道具のたとえでは滑稽に見えるほどの明らかな問題でも、規模が大きなプロジェクトでは意識して全体像を描き、そのうえでよほど注視しないと問題がわからないのです。

2つ目の原因は、A、C~Eの各ステップがはっきりして、Bへの要求要件がわかっているのに、それが順守されないケースです。Bの選定基準がブラックボックス化されている場合にこれが頻発します。自分の担当領域が、自分しか触れないブラックボックス内にあると、どうしてもツメが甘くなります。

チームでおこなう以上役割分担による分業体制が敷かれますが、分業したからといって、分担したメンバーに無条件に全てを一任するのはチームプレイではありません。自分が担当したものは、どういうアプローチを採用するのか、なぜそれが適切だと考えるのか、説明する責任があります。

アルゴリズムの選定は、納期やコミュニケーション方法といった誰でも知っている話題ではなく、確かにデータサイエンティスト以外にはとっつきにくいトピックです。しかし、ビジネスサイドも、エンジニアサイドも、アルゴリズムの選定について知っていることは確実にチームの強みになります。今のところこうした本質的な議論ができるビジネスパーソンは少ないので、アルゴリズムの知識はキャリアを作っていくうえで皆さんの強みにもなるはずです。

ちなみに、「なぜこのモデルを選んだのですか?」とデータサイエンティストに聞くと、「新しいモデルを試してみたかった」という答えが返ってくることが時々あります。データサイエンスのようなロジカルな領域で、「自分が試してみたいモデルで問題を解いてみる」という行動原理が存在することには驚かれるかもしれませんが、こうしたデータサイエンティストの好奇心によって選考が変わりうることは覚えておく必要があります。

「ちゃんとビジネス要件があるのだから、それに沿ってモデルを選んでくれなければ困る」と言いたくなるかもしれませんが、こうした遊びから意外な突破口が見えることもあり、一概にダメだと退けてよいというものでもありません。

また、特定のモデルを使うことへの愛着が強すぎる人もいます。「頻度論は古い。ベイジアンモデルこそが正しい」など、方法論自体への愛着は知的探究において悪いものではありませんが、ビジネスとして結果をチームで出さなければならないことを考えれば、データサイエンティストにも手段（モデル）ではなく目的（ビジネス結果）にこそこだわる姿勢が求められます。手段が新しくても、古くても、目的を達成できればよいのです。ましてや、特定のモデルが常に正しく、他が常に間違っていることはありません。

いずれにせよ、「モデル管理は1人の担当者に一任。説明責任も求めない」というチーム方針では、モデル選定の透明性や再現性が低くなることは明白です。機械脳の設計を、運任せで再現性のないギャンブルにするのは間違っています。最後はデータサイエンティストである担当者がモデルを決定するにせよ、選定根拠の説明責任は必要でしょう。

取り組みのポイント（基本編）

B：Brain の機械脳の種類選定ステップにおける取り組みのポイントは、第1にB以外のA～Eをはっきりさせることによって B への要件を明示すること。第2にモデルの選定基準を可視化して、データサイエンティストに説明を求めることです。わかりにくいトピックだからといって放置すると、選定の規律が甘くなりがちですし、その担当者の異動や退職によってすぐチームの全体のパフォーマンスが落ちます。スタープレイヤー任せ、運任せのギャンブルから、再現性のある科学的なチームスポーツとして取り組む必要があります。

モデルを議論の対象とすることで、B以外のA～Eのステップの不明瞭さに気づくこともあります。E：Execution（実行）パートの、使い方がまだ決まっていない、などです。こうした未解決な点があることをきっかけとして「だから決められない」という反応が起こることがあります。しかし、「決まっていない」ことと「決められない」ことはイコールではないはずです。誰かが意思決定しなければプロジェクトが前に進むことはないのですから、A〜Eまでの空欄を用意したシートに、それぞれ「こうなるはず」という仮置きをして作業を進めましょう。そして実際に手を動かしてみて、違う点がわかれば見なおしてもう一度作ればよいのです。

さて、モデル選定については、データサイエンティストに一任しないのであれば、他メンバーもある程度モデルについて理解しなければなりません。世界中のデータサイエンティスト有志によってモデルは毎日進化しているので学び続けなければいけませんが、現時点ですでにモデル選定の定石があります。

定石なのであえて乱暴にまとめますが、モデル選定はまず可視化・分類・予測のどれがしたいかを決めます。図表5−4の上半分が可視化、下半分が分類・予測です。その後は「精度を取るか、お手軽さを取るか」を決めますが、特別な事情がない限り精度とお手軽さを両立するモデルからスタートし、問題があればそれに応じて精度重視モデルかお手軽さ重視モデルにトライします。

図表5−4で「精度・お手軽さ両立モデル」として選定したものは、ライブラリと呼ばれる既存のツールが無料公開されています。まずこれにトライしてみて、その結果の数字をもとに何が解決するべき問題か話しあうことで、机上の空論になりがちなモデル選定を地に足の着いた議論にできます。

この図は全体感を把握することを目的としています。個別アルゴリズムについてより踏み込んだ内容を理解するには、それぞれのアルゴリズムについて、数式を含む専門書を読み込むことをお勧めします。どのモデル1つをとっても、実用書が何冊も出版されています。

取り組みのポイント（データサイエンス編）

図表5－4を順に説明していきましょう。まず左端の「モデルがおこなう作業」ですが、今まで見てきた通り、機械脳の機能は突き詰めれば可視化・分類・予測のどれかです。モデルは、「データサイエンス上の分類名」で言えば、可視化のモデルは「教師なしモデル」と呼ばれ、分類・予測のモデルは「教師ありモデル」、と呼ばれます。教師とは、事前にわかっている正解データのことです。

可視化は見えないものを見やすい形に加工したり、全体傾向をわかりやすく表現したりするためのものですから、何が

図表5-4　**モデル選定の定石**

モデルがおこなう作業	データサイエンス上の分類名*	よりお手軽さ重視のモデル（統計解析のモデル）	精度・お手軽さ両立モデル（機械学習と統計解析の中間モデル）	より精度重視のモデル（機械学習のモデル）
可視化	「教師なし」モデル	・k-平均法 ・アソシエーションルール ・相関分析 ・主成分分析（PCA） ・因子分析 ・多次元尺度法（MDS・数量化IV類） ・コレスポンデンス分析	・クラスタリング（Ward法・k平均法） ・グラフィカルモデル（構造方程式モデリング・ベイジアンネットワーク）	・自己組織化マップ（SOM）
分類・予測	「教師あり」モデル	・単回帰分析、重回帰分析 ・決定木（CART）	・ランダムフォレスト ・ニューラルネットワーク ・k近傍法	・サポートベクターマシン（SVM） ・勾配ブースティングモデル（GBM） ・ディープラーニング ・協調フィルタリング

↑ まずこのモデルを試し、問題があれば右か左に移動

＊厳密には「教師あり」モデルでも「教師なし」モデルでもない、「強化学習」というモデルも存在します。これは、「教師」となるデータなしに計算がおこなわれるという意味で「教師なし」の特徴を持ちます。一方で、ここでは「政策関数」という関数が代わりに作成され、その関数の計算が将来にわたって最も大きくなるようにモデルを修正していく、という点で「教師あり」にも似ています。
こういった例外や、複数象限にまたがって記載すべきモデルもあるのですが、上記の分類ではまずモデルの全体像と選び方の概要を理解できるよう、思い切って単純化してあります。

正解というわけではありません。たとえばクレジットカード会社が顧客のカード使用履歴をもとに、「どんなタイプのお客さんがいるのか見える化したい」、という作業は可視化＝教師なしモデルです。顧客を4種類のセグメントに分類表現してもよいですし、もっと細かく表現しても構いません。可視化作業は、何が正しく、何が間違っているか客観的な点数が付けられるわけではありません。その可視化作業をもとにして、企業としての施策が設計・実行・効果測定しやすければいいのです。

一方、ここでいう分類・予測はモデルによる答えが現実データと符合しているかを定量評価するものです。同じくクレジットカード会社であれば、カードの使用履歴をもとに「不正利用かどうかを判別したい」、という作業は分類＝教師ありモデルです。モデルが「この履歴は不正利用です」と特定したもののうち、実際に何％が不正利用か顧客に確かめられるからです。つまり、正解、不正解があり、正解割合が〇〇点と採点できるわけです。

次に、「お手軽さ重視」～「両立」～「精度重視」の違いを見ていきましょう。

お手軽さ重視モデルは、従来の統計学で作られてきたモデルです。統計的手法はデータをざっくりまとめ、わかりやすい表現ができるという長所がある一方で、データが持っている特徴を大幅に切り落とすためにモデルの精度は高くありません。序章で述べた通り、統計学では多様なデータの平均的な特徴しかわかりません。見る人にとってわかりやすい形で多数の特徴だけを残し、少数の特徴は捨ててしまうために、お手軽だが精度は出ないモデルです。

これと対照的に、精度重視モデルは機械学習の手法を用いたもので、データの複雑な特徴を切り捨てずに処理するために、人がその処理の仕組みを解釈することは難しくなります。一方で、その正確さは統計的手法よりはるかに高いという長所があります。

さて、学問的な正しさはひとまず横に置き、モデル作成の現場では中間モデルでとりあえずデータを触ってみることからスタートしてみましょう。モデルによる出力があまりにも低く、現実的に役に立たなければ精度重視モデルを試します。逆に、精度は十分だが処理に時間がかかり過ぎたり、解釈が困難で役に立たなかったりする場合はお手軽さ重視モデルを試します。

また、複数のモデルを組み合わせることもあります。たとえば部品の故障予測はとにかく予測精度が大事なので機械学習のモデルを使い、なぜ故障すると考えられるかの解釈・説明には統計学を使う、というコンビネーションも現実的です。特にパートナー会社や顧客など、社外の利害関係者を説得する際にこうした合わせ技が効きます。

以下にモデルの選択基準をまとめます。

A：Accuracy（精度）

期待した意思決定をするうえでの精度が出せるか

I：Interpretation（解釈容易性）

結果を人間が解釈することがどれほど容易か

C：Coding/Construction（プログラミング作業・実装）

どのような仕組み・実装方法・体制での実用を考え、それはどれほど容易か？　具体的には……

・実装ライブラリが無料で豊富にあるか？
・有料ソフトにしか組み込まれていない場合、その使い勝手は？　ライセンス価格は？
・ライブラリがまったくない場合、ゼロから作るのは現実的か？
・運用のコストは許容範囲内か？
・必要データの量・種類は？

S：Speed（速度）

結果を出すまでに必要な時間は短いか？　特に、実験環境でなくデータ量が増えた後にどれほどのスピードで処理ができるか？　モデルそのものだけでなく、必要なデータを収集し、処理する時間は許容範囲内か？

トレードオフの最適バランスを目指すチームの会話例

さて、モデル選定の４基準のうち、**Ａ：Accuracy**（**精度**）と残りの３つはトレードオフ関係にあります。モデルが複雑になれば、**Ｉ：Interpretation**（**解釈容易性**）は下がり、**C：Coding/Construction**（**プログラミング作業・実装**）の手間がかかって費用が上がり、**S：Speed**（**速度**）は落ちるのが常です。

現実の企業活動で見てみましょう。たとえばアパレルの消費者需要予測についてその予想誤差を次シーズンから○％小さくしてほしいというお題を出されたとします。お題を出されたデータサイエンティストとデータエンジニアチームは「では、（予想誤差ではない）他のどれならば少し目をつぶることができるか？」を問い返すとよい議論ができます。もちろん、他の要素を犠牲にせず精度を上げられればベストです。

イメージをわかりやすくするため、どのような議論をチームでするのか、架空のアパレル製造小売業（ＳＰＡ）のケースを取り上げます。チームメンバーが４つの選択基準の間のトレードオフをどう解決するか、注目しながら読んでみてください。

登場人物は以下の通りです。

データGM（データジェネラルマネージャー）：出島《でじま》一《はじめ》

データGMの仕事を引き受けて1年目のプロジェクトリーダー。製品やサービスの顧客獲得や利益率の改善といったビジネス上のミッションに焦点を当てながら、データサイエンティスト、データエンジニアと密にコミュニケーションを取りながらプロジェクト全体を取り仕切る役割を担っている。

大学では経済学を専攻。入社後はずっとマーケティングを担当しており、ウェブサイト関連の購入履歴やアクセス情報は見ていたが、プログラミングはHTMLを触ったことがある程度。

データサイエンティスト：西苑《さいえん》すみ子《こ》

本チームの紅一点。統計や機械学習についての科学的な考え方・ツールの適応における理論的側面をリードしている。難しいモデルも噛み砕いて説明してくれるので、データGM1年目の出島はいつも助けられている。

学部では農学を専攻していたが大学院から数学科へ移っており、モデルについての統計的な知識があるだけでなく、実データを扱うことにも慣れている。

データエンジニア：デン・エンゲル

英語交じりの日本語を操る若いドイツ人エンジニア。3人の中では一番年下だが、小学生の頃からプログラミングを始めており、その意味でのキャリアは一番長く、はっきりとものを言う。

ベトナムのコーディングチームによるコーディング業務・システム実装業務を取り仕切り、ビジネス上の要件・数理モデル上の要件を、現実のプログラムやサーバー稼働に結実させる責任者として信頼されている。本社が持っているデータ回りの知識も豊富。

【製造小売業のケース】

西苑すみ子　「A：Accuracy（精度）を高めるために他のどの基準ならトレードオフを容認できるか、という話だったわよね。I：Interpretation（解釈容易性）はどうかしら？いま使っているのはランダムフォレストといって、決定木をたくさん作って多数決するようなものなの。だから、ある程度人が見て解釈可能。ディープラーニングを使えば、A：Accuracy（精度）は高められるわよ。中身は完全にブラックボックス化しちゃうけどね」

出島一　「A：Accuracy（精度）とI：Interpretation（解釈容易性）があっちを立てればこちらが立たず、ということなんですね。うーん、今回はI：Interpretation（解釈容易性）を犠牲にするのは厳しそうです。売上予測をした結果は、要は生地の生産調整の意思決定に役立ててほしいんです。分析をするのは私達ですが、調達する時期・種類・数量・金額を決めるのはベトナム工場にいる生産管理部のメンバーです。

なので、彼らに納得感がないと結局使ってもらえません。I：Interpretation（解釈容易性）を下げないでA：Accuracy（精度）を上げる他の方法はないでしょうか？」

エンゲル「私のsuggestionは、データ量を増やすことでS：Speed（速度）を下げる。代わりにA：Accuracy（精度）を上げる。今は一部の新しい大型ストアのPOSデータしか使ってない。全体のたった15％。全店舗のデータを使えばどうですか？　More data, more accuracy」

出島一「いいアイデアですね、エンゲルさん。確かに今は新しい大型店のPOSだけで全体を予測しようとしてるんですよね。S：Speed（速度）はどのくらい遅くなりますか？　数時間くらいですか？」

エンゲル「Much more. 1週間は遅くなる。全店舗の売上データは1週間ごとにバッチ集計だから。データ処理負荷によるモデルのS：Speed（速度）遅延ではなく、集計がボトルネック」

出島一「ああ、なるほど、集計作業のリードタイム分のS：Speed（速度）遅延という意味でしたか。1週間遅れは長いなぁ……」

西苑すみ子「でも不思議ね。なぜあえて全体の15％のデータで予測してるの？　全店舗に同じPOSレジのC：Coding/Construction（プログラミング作業・実装）ができないわけがあるのかしら?」

出島一「そうなんです。新しい大型店は役員の肝いりの新POSシステムが入ってるんですよ。なので他既存店舗POSレジとC:Coding/Construction(プログラミング作業・実装)方法が違います。新POSは常時データ接続されていますが、旧POSは未だに集計データを閉店後にメール添付で地域スーパーバイザーに送って、CCで本社に送ってるんですよね。なんせ今の会長が社長だった昔からの基幹システムなので。店舗数が多いため、それを本社で集計する作業を毎週しています」

西苑すみ子「本社集計は手作業でやってるの?」

出島一「手作業ですね。在庫管理と一体となったイントラ端末にコピー&ペーストしています。1週間ごとだとA:Accuracy(精度)が高まっても生産調整の意思決定のS:Speed(速度)に間に合わないですね。生産調整は毎週、ハイシーズンは月曜と木曜の週2回なんです。いいアイデアだと思ったんですが」

西苑すみ子「さっき、メール添付って言ってたわよね? 代わりにイントラのページを作って、そこにファイルをアップロードしてもらうC:Coding/Construction(プログラミング作業・実装)はどうかしら? そうすれば毎日更新できるんじゃない?」

エンゲル「I love the idea, Sumiko. それなら1日遅れるだけ。データ量もS:Speed(速度)

も1週間も犠牲にしない。ファイルがアップロードされたら、本社が手動でコピーしていた作業も自動にするバッチプログラムも作れます」

出島一　「それはいいですね！　1日程度のS：Speed（速度）遅延であれば十分許容範囲です。ファイルアップロードだと、メールと違って集計担当による目視確認がないためエラーが起こっては困りますね。店舗スタッフのマニュアルを変えて操作トレーニングの必要はありますが。エリアスーパーバイザーにも操作指示が必要ですね（E：Execution実行）。とはいえ、売上予測のA：Accuracy（精度）が上がって売れ筋の欠品がなくなると一番嬉しいのは現場なので、新方式への理解を得るのは難しくないでしょう」

エンゲル　「Alright. エラーがあればエラーメッセージを自動で出すようアップローダーを工夫できる（C：Coding/Construction プログラミング作業）。エラーのパターンは日付間違い、休みの翌日の前日分添付忘れ、POSデータ範囲の抜け漏れ……What's else?」

出島一　「助かります。エラーは詳しいエリアスーパーバイザーのトレーナーがいるので、後でヒアリングしておきます」

エンゲル　「One more. 外部のクラウドサーバーを使いたい（C：Coding/Construction プログ

ラミング作業・実装）。問題ありませんか？　閉店後の同時刻に複数店舗が一斉にアップロードするのをリアルタイムでエラーチェックするＳ：Speed（速度）が必要です」

出島一　「大丈夫です。すでに今もＡＷＳ[1]を使っているので外部サーバー利用は問題ないですし、アップロード時間もＡＷＳをオートスケール[2]すれば問題なさそうです（Ｃ：Coding/Construction プログラミング作業）。エラーチェックといってもパターンが限られているので、必要スペックもたかがしれているでしょうし。アップロード送信と処理自動化は、一部でパイロットテストをしたいところですが、来期までにＡ：Accuracy（精度）を上げるというリードタイム要請を考えるとその余裕がないですね。Ａ：Accuracy（精度）を高めるうえで、現在15％しかないデータ量を20％にするテストをしてもインパクトが乏しいので、一気に全国展開をおこなうという提案を上げようと思います。これでいきましょう」

西苑すみ子　「ミーティングを終える前に、やっぱりもう1点だけいいかしら？」

出島・エンゲル　「？」

西苑すみ子　「その結論は賛成よ。でも、これだけデータが集められる（Ｃ：Coding/Construction プログラミング作業・実装）ようにするなら、ディープラーニングによるモデルも

1. Amazon Web Services（アマゾン ウェブ サービス）。アマゾンにより提供されているクラウドコンピューティングサービスです。

2. 処理量の負荷の増減に応じて使用するサーバーの台数を自動的に調整する手法。

試していいかしら？　興味があってこの分野の研究トレンドを追ってたんだけど、誤差を縮小するA：Accuracy（精度）でいえば、ディープラーニングがずっと有利だと思うの。I：Interpretation（解釈容易性）についてはランダムフォレストがいいけど、ベトナムの生産管理部スタッフがなれるまで、参考値としてディープラーニングの予測スコアを併記してみたいわ。ほら、降水確率だって、予測アルゴリズムは知らなくても、いつも見ちゃうでしょう？　しばらく使えば、なぜその予想結果なのかわからなくても（I：Interpretation 解釈容易性）、ディープラーニングの予測A：Accuracy（精度）が高いことをきっと体感してくれると思うの」

データ分析と活用に熟練した企業では、実際にこのような議論がなされます。複数メンバーで、A：Accuracy（精度）、I：Interpretation（解釈容易性）、C：Coding/Construction（プログラミング作業・実装）、S：Speed（速度）のどの点のトレードオフの話をしているのか意識して話すことで、建設的な議論が短時間で可能になります。

速度の追求に終わりはない

S：Speed（速度）について理解を深めるため、さらに違う視点から見てみましょう。

四半期ごとにおこなわれる会議に資料を出すための分析と、時々刻々と変化する状況判断をおこなうための分析では、必要とする分析スピードがまったく異なるのは想像に難くないでしょう。

たとえばオンラインでの株式取引の分析は後者の典型ケースの1つです。株式取引のための分析はミリセカンド単位で速度が競われています。機関投資家の取引では入札速度で後れをとると決定的に不利になるため、他の機関投資家もミリセカンド単位での分析と入札をおこなっているからです。また、自動車の自動運転などのように物理的なマシンの制御のための分析では、1秒の遅れが文字通り勝敗を決めます。B to Cのオンラインサービスでは、ミリセカンド単位の速度が必要には見えなくても、レスポンスタイムが遅ければユーザー離反を招きます。

競合の存在や、マシンを取り巻く物理条件の存在、社内の意図通り動いてくれないユーザーなど、環境条件がS：Speed（速度）の上限を決めるのです。


モデルで計算処理をおこなうマシンについて見てみましょう。どのマシンでモデルによる計算処理をおこなうのかも、速度制約からモデルの複雑さを逆算するうえで大切です。クラウド上で処理ができる場合は豊富な計算処理スペックが入手可能なため、処理の簡易化のプレッシャーは少なくて済みます。一方、病院内でのPCのようにセキュリティ上インターネット接続が許可されていない端末を使用する場合には、処理速度を落とさないよう、モデルを簡易化することを考える必要があります。

ここでもビジネスサイドの分析リーダー、データサイエンティスト、データエンジニアの短い会話を聞いてみましょう。今回のケースは病院で使用する肺ガン発見のための画像診断ソフトを開発するプロジェクトの例です。

【肺がん発見のための画像診断ソフト開発のケース】

例のデータサイエンスチームの3人は、会社のM&Aによって医療データの子会社に出向することになりました。ここではすでに中堅になったビジネスサイドのデータGMの出島一《でじまはじめ》と一緒に、データサイエンティストの西苑《さいえん》すみ子《こ》、データエンジニアのデン＝エンゲルの会話を聞いてみましょう。

今回のケースでは病院で使用する肺ガン発見のための画像診断ソフト開発を整理するプロジェクトで、今度はA：Accuracy（精度）は良いものの、S：Speed速度に問題があるようです。

出島一　「今のモデルは、A：Accuracy（精度）は目標をクリアしていて素晴らしいですね。一方で計算処理が複雑です。検査データは夜のうちに分析させればよいので、病院にいる顧客は数時間程度ならば我慢できます（S：Speed速度）。しかし、そもそも病院のPCがフリーズして停止するレベルのハード負荷があると実用上厳しいですね」

エンゲル　「That's correct. 今のアルゴリズムは計算量もデータも多いのでS：Speed（速度）が犠牲になっている。計算が単純なのは、たとえば単純に四則演算と条件分岐を組み合わせたもの。『肺画像の下部分に1ミリ程度の白い塊があればキャンサーと判定する』ならS：Speed（速度）ははるかに短いです。フリーズもしない」

出島一　「もっと軽いモデルにする、ということですよね。そうした単純モデルで目標のA：Accuracy（精度）を達成できますか？」

西苑すみ子　「ちょっと達成は難しいわね。今は『画像を自己組織化マップによって厳選し、ニューラルネットワークで推定する』という複数のモデルを使ってるの。この複数段階の処理が計算量を増やしてるわ。ただ、これは認定医の発見レベルと有意差のないレベルでのA：Accuracy（精度）を担保するためのカギだから、ここを犠牲にするのは難しいんじゃないかしら」

出島一　「そうですね。営業チームが言うには、認定医レベルと遜色ない判断ができることが証明されてこそ、病院での導入につながりますからね。でもPCがフリーズしてもクレームになるんですよねぇ……」

エンゲル　「It's simple. スペックが処理と合ってないことが問題。まず、クラウド上で処理させるのはダメですか？（C：Coding/Construction プログラミング作業・実装）」

出島一　「ええ。クラウド使用はおろか、病院のPCはセキュリティ上ネット接続もできないので」

エンゲル　「Then, 処理スペックの高いパソコンを1台買えばいい（C：Coding/Constructionプログラミング作業・実装）。院内LANが使えるなら、1台だけあれば大丈夫」

出島一　「ああ、それは現実的ですね。サービス提供に加えて、顧客が使うマシンも提供してしまうわけですね。で、今のモデルが更新されて、たとえば将来2倍の計算量になったと仮定して、必要なマシンスペックを割り出せますか？（C：Coding/Constructionプログラミング作業・実装）」

エンゲル　「Not enought. データ量が増えるのも計算量の予測に必要」

西苑すみ子　「そうよね。モデル自体の複雑さが増えることよりも、サービスが使われていたら過去の確定診断データは確実に増え続けるから、こっちのほうが計算量に効くわ」

出島一　「じゃあマシンが3年間はもつとして、その期間にどのくらい確定診断データが増えそうか、ざっくり予測してみましょうか」

この2つ目のケースでは、トレードオフをチームがどう扱うか、難なく読み通せるようになってきたのではないでしょうか。

モデルで計算処理をおこなうマシンがPCでなく、単機能の基盤である場合もあります。ネット接続環境のない機械に組み込み装置としてインストールされているソフトを使用する場合、普通はスペック制約のため、ソフト上で複雑なモデルを走らせることはできませんでした。しかし、近年はFPGAという技術が登場し、複雑な処理でも組み込み装置がおこなえるようになりつつあります。

FPGAはField Programmable Gate Arrayのことで、「柔軟なICチップ」とでも呼ぶべきものです。今までのCPUは電気回路を固定して製造するので、製造後にそれを変更することは不可能でした。FPGAはそれぞれの電気回路にアドレスを割り当てることで、それをソフトウェアで外部から柔軟に書き換え可能にしたものです。

そのため、複雑なモデルであっても、それをハードウェアの電気回路で処理させることができるようになってきました。ハードウェアが反応までに必要とする時間をはるかに短縮し、なおかつ省電力で処理ができるようになっています。組み込み装置での機械学習が可能になることで、ドローンの空中制御や衝突抑制などはもちろん、携帯電話、ウェアラブルデバイス、家電など、あらゆる機械分野で高度な処理をおこなう扉が開かれるでしょう。

まだこの技術は一般的ではありませんが、すでにインテルはFPGA大手

図表5-5　**FPGAは回路を書き換えて処理を高速化できる**

出所:アルテラ製品資料より

のアルテラを167億ドル（約2兆円）で買収しています（2015年6月）。

クラウドソーシングでモデルを改良できる

最後に、B：Brain のパートの飛び道具をお教えします。それは社外の力を使うことです。最もお手軽な手段は、クラウドソーシングです。クラウドソーシングとは、インターネットを通じて多数の人に仕事を依頼する方式で、知恵を借りる作業とは相性がよいのです。

クラウドソーシングの一般的なイメージは、まだ低価格のクラウドワーキングかと思います。しかし、高度なアルゴリズムの発注ができるものも存在しています。諸条件が許せば、そこにデータを出して、さまざまなモデルにコンペをさせればよいのです。

「キャッチコピー募集ではあるまいし、クラウドソーシングでそんなことをして機密は大丈夫なのか。第一そんなことが社内の稟議で通るわけがない」と訝しがられるかもしれませんが、こうした活用ニーズは実はすでに広く顕在化しています。たとえばカグル（kaggle.com）はデータサイエンス領域でのクラウドソーシングに特化したサービスであり、世界中のモデルが集まっています（2017年にグーグルが買収）。

情報を社外に出すことがあまりにも今までの常識からかけ離れており、アルゴリズムという競争優位の源泉の一端が外部から想像され得る状況を作ることに、合意形成が困難なケースもあります。

しかし、モデルの開発は世界中のデータサイエンティストが協力する日進月歩の最先端領域であり、21世紀の科学のフロンティア領域でもあります。たまたまチームにいた少数のメンバーにその最先端知見が備わっていることは稀でしょう。また、たとえモデルの知見を多く備えているにせよ、モデルごとの試行錯誤には多くの時間を使います。その時間があれば、モデルを実運用して改善のためのデータ収集に使えるのです。複数のモデルを使ってみた用例を集め、どれがよいか、長所を強化して短所を克服するにはどうすればよいか検討する作業を社内メンバーが担い、モデルの試行錯誤を社外に担わせる役割分担も検討の価値があります。

現に、たとえばオンラインでのコンテンツ配信で最も成功しているネットフリックスは、アルゴリズムを公開してそれを改善させる賞金コンペを実施しています。1位のチームに与えられる賞金は100万ドルです。トップ企業でさえ、アルゴリズムを公開して集合知を借りるのがモデル競争の現実です。

もちろん、全ての企業でクラウドソーシングの活用ができるわけではないでしょう。「飛び道具」と呼んだのはそうした事情があるためです。しかし、クラウドソーシングを使わないのであれば、モデルの改良においてパワフルな集合知を活用できない代わりにどうやって企業として優位性を確保するのか、他の案を考える必要があるでしょう。

D：Data（データ）部分で触れますが、代わりにデータ量を増やす、という選択もあり得ます。

消費者向けならデータを買ってくる、外部と提携する、エンジニアリングであればセンサーに投資するなど、データの総量が増えればモデル自体は粗くても、全体の精度は高まります。

また、ハッカソンをスポンサードしてモデルへの知見水準を上げる、コーセラ（オンラインでデータサイエンスの学習ができるプログラム）を履修してもらう、データサイエンティストスタッフの国際会議への出張予算を上げる、改良のための実験環境を整備することでデータサイエンティストスタッフのアドミン作業の負荷を下げる、なども現実的な打ち手となるでしょう。

C：Coding/Construction（プログラミング作業・実装）

コーディングの3つのポイント

C：Coding/Constructionについては、間違いの起こる典型的な領域を、①プログラミング言語、②クラウドサーバー・サービス利用に関するトピック、③チームのマネジメントについてのトピックの3つに大別して見ていきましょう。

よくある落とし穴と、取り組みのポイント①
プログラミング言語

既存のものがあるのにゼロから作ってしまう、作った後にシステムへの移植コストに気づく、という2つを、よくある落とし穴として紹介しましょう。

今では英語で検索すれば、ほとんどのモデルはライブラリやAPIといった形でアクセスが可能な形になっています。高度な画像認識や動画判断ですら、既存のものを切り貼りして作ることができます。

たとえばスタンフォード大学は画像データを高精度で解釈するアルゴリズムを公開しています。図表5－6の左の写真では、「白い服を着てテニスラケットを持っている女性と、その女性の後ろに緑色の服を着た人が2人」と、アルゴリズムが説明できています。この文章を読むまで後ろに2人がいることに気づかなかった人もいるでしょう。右側の写真では、犬の姿勢、そして恐らくボールとの位置関係から"play catch"ボール遊びをするという意味の抽出までできています（「恐らく」、と書いたのはその処理の仕組みが、もはやプログラムを作成した本人ですら解釈できないためです）。

もちろんこのアルゴリズムも完璧ではありません。時々眠そうな顔をしたフェレットを「猫」と間違ったりしています。しかし、その指摘すら訂正情報が収集されるために、モデルの精度は高まっていきます。プログラミング自体は自社のエンジニアがおこなうことができても、既存サービスのように世界中からの修正指摘を反映する集約メリットを実現することは難しいのです。

日本企業のコンサルティングをおこなっていると、頻繁に「うちの会社は特殊だから」と言われます。しかし、面白いのはどの会社も自社が特殊だと認識している点です。確かに出自や取り組み方、強みなどに違いはあるでし

図表5-6　**スタンフォード大学が公開する画像データ解釈アルゴリズム**

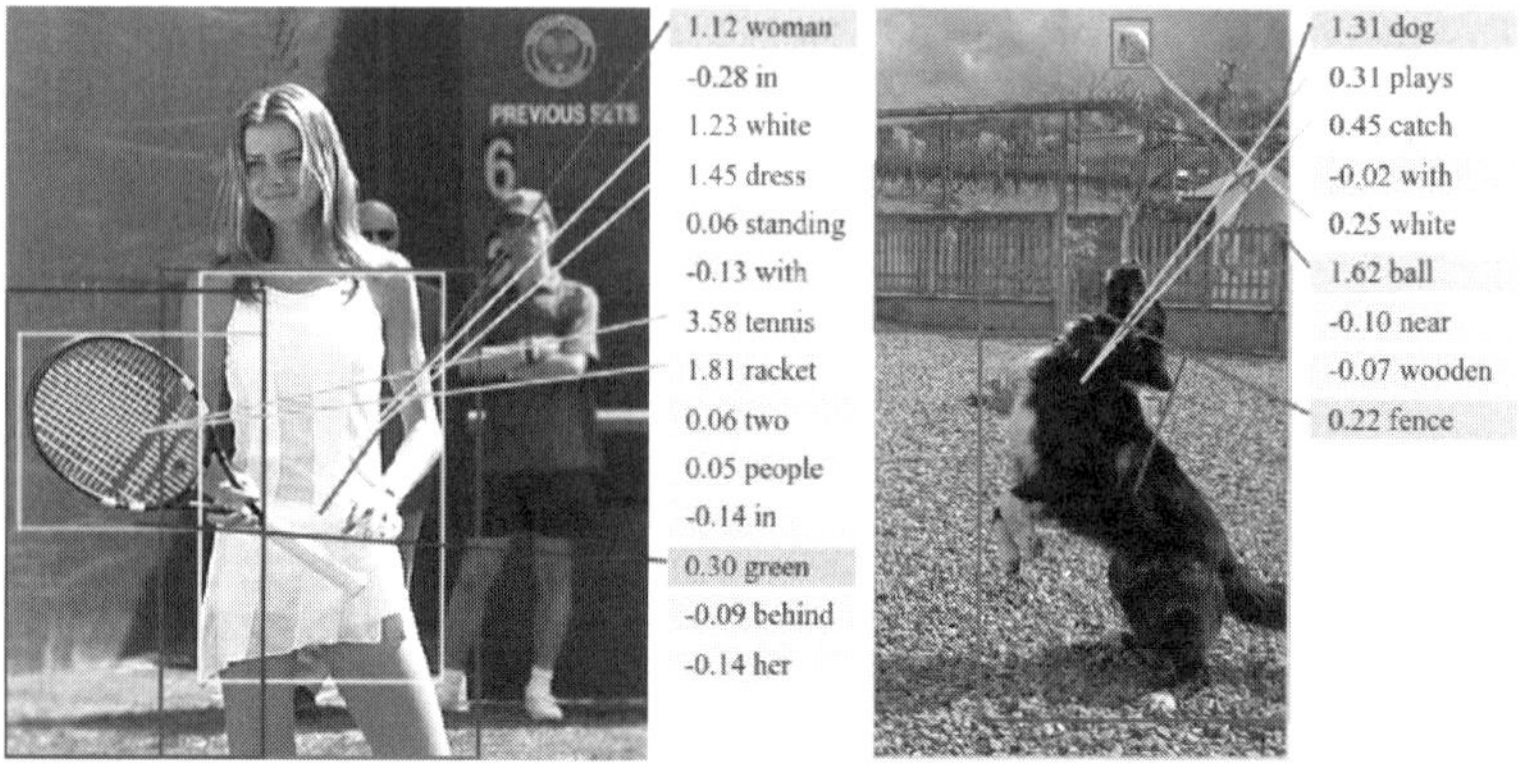

出所：cs.stanford.edu/people/karpathy/deepimagesent/

ょう。しかし、データ処理の取り組みが世界中にあるどのモデルや既存ライブラリでも対応できないほどレアだと考えるのは飛躍があります。自前でゼロからコーディングをおこなうことのメリットもないわけではありませんが、とにかく動くシステムが早く作れること、アップデートのスピードなどを考えると、既存モデル・APIの組み合わせとチューニングスキルを高めたほうが長期的にメリットが大きいように思います。

もう1つの、システム移植の落とし穴についてお話しします。これもよく起こっていましたが、たとえば慣れているプログラミング言語のPythonでモデルを作ったが、実運用では社内システム共用のJAVAに一から書き直さなければならなくなる、などのケースです。実用言語があらかじめ意識されていれば、初めからそちらの言語で書いたほうが早いのですが、それに気づかず無駄な工数がかかってしまうことがあります。

最近はPMML（Predictive Model Markup Language）という規格が登場し、言語の異なる複数のアプリケーションでも作り直し工数なしにモデル移植することができるようになってきています。これにより、Rで開発したアルゴリズムをPMMLで出力し、システム実装の際にはそのファイルをシステムで使用する言語で読みこめばそれで事足りることになります。今までは数ヶ月かかっていたデータサイエンティストによるプロセス言語化と、エンジニアによる書き直しの業務が数時間から数分で終えることができるのは画期的です。

とはいえ、PMMLもまだ全てのモデルに対応できているわけではないため、試験を終えたとき、どの環境で、どの言語で実装をするのかあらかじめ決めておくことは有用でしょう。なお、社内システムなどの制約がなければ、予測モデルはコミュニティの層も厚いRかPythonを選んでおけばよいでしょう。後述するHadoop、Hive、AWSなどとの連携も容易です。

よくある落とし穴と、取り組みのポイント②
クラウドサーバー・サービス利用

プログラミング言語と完全な区分けはできませんが、クラウド上で提供されているサービス、またクラウドサーバーも、積極的に利用できないデメリットを現場が我慢するケースがよくありました。自前主義にこだわることで、ハード処理作業はもちろんのこと、大規模な並列演算、冗長化や地理分散といったリスク対策の工数も自社のエンジニアが抱えることになります。HadoopやHiveといった大規模なデータ処理に便利な仕組みも使うことが難しくなります。

以下、補足として、クラウドサーバー利用における法律論についても解説しておきましょう。ただし、このパートは法律論の誤解と事実関係の確認を羅列しているだけなので、興味のない方は読み飛ばしてかまいません。なお、必要なときはそのつど最新の情報を参考のうえ、専門家に指示を仰いでください。

クラウドについての理解も普及してきて一時期より減ったとはいえ、未だに散見されるのが法令の誤解です。法令といっても法律・省令・通達・ガイドライン、国内のもの・海外のものなどさまざまあります。ここでは代表的なものをピックアップします。

法令は日々更新があり、社内の法務担当者が間違って古い法令しか理解していないケースもあります。

まず、クラウドサービスを利用できない理由として、個人情報を本人の同意なく外部の業者に渡すことが違法、ないしグレーだという誤解があります。個人情報の利用目的を達成するために、アマゾン等サーバー業者へ個人情報を保存することは、個人情報の第三者提供に該当しません。本人の同意も無関係です。これは個人情報の保護に関する法律第23条第4項第1号に示されており、クラウドで個人情報を扱うことはグレーゾーンでも、違法でもないわけです。もちろん、自社で個人情報を保管する場合と同様、AWSを使ったとしても監督責任が自社にあることは変わりません。

【個人情報の保護に関する法律】

第二十三条　個人情報取扱事業者は、次に掲げる場合を除くほか、あらかじめ本人の同意を得ないで、個人データを第三者に提供してはならない。

4　次に掲げる場合において、当該個人データの提供を受ける者は、前三項の規定の適用については、第三者に該当しないものとする。

一　個人情報取扱事業者が利用目的の達成に必要な範囲内において個人データの取扱いの全

部又は一部を委託する場合

また、医療情報を含む個人情報は、外部サーバーに出してはいけないという誤解もあります。これも法律上は誤りで、政府見解ではこれを禁止していません。[3]

近年では逆に、東日本大震災で患者情報が失われたことを契機に電子カルテのクラウド化の動きを政府が後押ししているほどです。電子カルテシステムをクラウド化し、そのメンテナンス費用を捻出するために匿名化した情報を民間に開放する動きすらあります。ただ、２０１７年度に医療情報を含む個人情報の扱いをより慎重にするための法案が可決されました。最新の状況については弁護士など専門家に確認してください。

アマゾンなど国外のクラウドサービスについては、米国愛国者法（通称パトリオット法）の影響下にあるため、いつでも手続きなしでの閲覧、機能停止や差し押さえをされてしまう、という誤解があります。米国愛国者法は２０１５年の6月1日に失効しており、米国の捜査機関が情報を得る場合にはそのつど裁判所の決定が必要になりました。

一方、差し押さえ、機能停止は実際に発生しており、現実にあるリスクです。ただ、その発生頻度は数年間に1件といったものです。これは、自社でサーバーを管理することによる機能停止の頻度から考えればはるかに低水準と言えるでしょう。また、捜査当局による差し押さえ、機能停止については国内事業者でも同じです。海外の司法当局によるリスクヘッジをしたければ、国

3. 「医療情報システムの安全管理に関するガイドライン　第4・2版」厚生労働省、２０１３年

内の事業者を利用するとよいでしょう。医療データでは、アマゾンの代わりにＩＩＪがよく使われています。

ただし、医療機関が法令に基づいて保存しているデータについては話が異なります。これらは国内法の及ぶ範囲に保存しておく義務があり、海外のサーバーを利用することは認められていません。**4.**

この場合、アマゾンを利用することは違反にはなりませんが、保存する物理的な場所を日本国内とする契約が必要となります。これを、クラウドサーバーの使用での**リージョン指定**といいます。

4. 「ＡＳＰ・Ｓａａｓ事業者が医療情報を取り扱う際の安全管理に関するガイドライン」総務省、２０１０年

よくある落とし穴と、取り組みのポイント③
チームマネジメント

実装部分での主役はデータエンジニアです。データエンジニアがこのプロセスでは最も手を動かし、このパートの付加価値の大部分を作ります。他のチームメンバーは、データエンジニアチームが最大限効率的に、明確な開発目的に沿って、解釈や雑務に時間をとられることなく、作業の手戻りなしにコーディングができるようサポートをおこないます。

これができない、ありがちな落とし穴はデータエンジニアへのミス・コミュニケーションです。モデルで実現したいと期待していることと、データエンジニアが実際にやっている作業がずれて

いるのです。

その原因は依頼を出す側の具体性の不足です。たとえば「お客さんにどのタイミングで売上が上がるか、タイミングを予測してほしい」と一口に言っても、販売契約が顧客と合意された日、契約書に記載されている日、自社倉庫から製品が出荷された日、卸の入庫日・卸からの出荷日、顧客倉庫の受入日、検品完了日、入金日など、複数の「売上日」データが存在します（図表5－7）。1つの概念だけでもこれほどたくさんのデータ選択肢があるわけです。データベース上のデータを最もよく見ているのはエンジニアですが、それぞれの数字が持つ意味合いを知っているのは他部署のスタッフのはずです。

こうした落とし穴に落ちないために取るべき対策は、A・B・C・D・Eをしっかりと共有することです。優秀なエンジニアは、1行のコードにもビジネス全体で何をどうしようとしているのかを反映しようとします。

A：Aim（目的）を共有し、どのB：Brain（機械脳の種類）にするのかともに議論し、D：Data（データ）の性質についても面倒がらず書面に残し、E：Execution（実行）について何を想定しているのか、明確化して進める必要があるのです。

図表5-7　「売上日」のデータにも多くの種類が存在

売上日付の定義	データソース
営業マンが売上が立ったと判断して社内システムに入力した日付	自社　営業マン
契約書が締結された日	自社　契約書
契約書に記載された納品日	自社　契約書
自社倉庫からの出荷日	自社　配送システムデータ
卸倉庫への入庫日	卸　倉庫システムデータ
卸からの入金日	自社　経理データ
卸から顧客への出荷日	卸　倉庫システムデータ
顧客倉庫での受入日	顧客　倉庫システムデータ
検品完了日	顧客　倉庫システムデータ
顧客から卸への入金日	卸　経理データ

D：Data（データ選定と整備）

データとの正しい付き合い方

モデルとデータは、調理器具と食材のような関係にあります。正しい調理器具を使わなければせっかくの食材を無駄にしてしまいます。一方、どんなによい調理器具を使っても食材が悪ければよい料理はできません。データも同じで、どれほど優れた分析アルゴリズムを知っていても、元のデータの選定と準備加工がよくなければ、いい結果は出ません。

B：Brain（機械脳の種類）のパートでは、正しいモデルを使うことの重要性について、見てきました。この節では、そのモデルを使って、何を加工するのか、つまりD：Data（データ）についてて詳しく見てみましょう。

よくある落とし穴

D：Data（データ）パートの最大の落とし穴は、今あるデータから何ができるか発想することです。

「ちょっと待ってほしい。今あるものを使って何が悪い？」と反論されるかもしれませんね。確かに、今あるものを使うのは何ら間違いではありません。今指摘している落とし穴は、手元から考え始める、という思考プロセスに罠がある、ということです。冷蔵庫の余り物で野菜炒めを作るのなら何とかなるでしょうが、機械脳は今あるD：Data（データ）をもとに考えてはいけないのです。

A：Aim（目的）に整合しないD：Data（データ）から発想することで、その収集をどうするか、使用許可、保存方法はどこにどのようにするか、外れ値やエラーデータの抽出や計算のための整形方法、そのデータクリーニングの担い手、加工のコストなど、思考時間が取られるロスは指数関数的に増大します。このような発想方法は皆さんの知的生産性を落とし、努力するほど「考えれば成果が出るはずだった問い」からチームを遠ざけます。

機械脳の作り方に通暁していない外野から、「せっかくこのデータがあるのだから、何か面白いことができないか考えてほしい」という要求が来ることは組織の常ですが、生産性にとってはマイナスでしかないと言わざるを得ません。たまたま手元にあったデータが宝の山だった、という偶然のサクセス・ストーリーはドラマチックではありますが、穿《うが》った見方をすれば、ドラマチックなのは稀にしか起こらないレアケースだからです。

取り組みのポイント

そうではなく、真逆に考えましょう。まずA：Aim（目的）があり、そこに近づくためにどういうD：Data（データ）が必要か、つまりゴールから逆算するわけです。そもそもこのビジネス成果を出したいなら、どういったデータが必要なのか、です。とすると、そもそも社内で作成するべきか、外から調達するべきか、といった順に思考プロセスが進みます。

抽象的な作業は、かけた時間の分だけ成果が出る仕事ではないため、目的がずれていれば成果ゼロになってしまいます。機械脳の構築プロジェクトでは、経験的に7〜9割の時間がデータの選定と加工に費やされます。しかも、B：Brain（機械脳の種類）の選定とは違ってこのモデル一覧の中からパターンを見て選定しよう、という定石が通用しません。無限の選択肢があるのです。

これを、「**探索範囲の広い問い**」といいます。この探索範囲の広い問いに対するアプローチの鉄則は、探索効率性を高めることです。いま手元にあるものから発想するのではなく、ゴールから逆算することでチームの知的生産性の効率が高められます。

以下で、それが具体的にどういう意味なのか、見ていきましょう。

データには2種類ある

機械脳の設計において、全てのデータは2つの種類に分けられます。作り出したいデータと、その素材となるデータです。図表5－8はその例です。文脈によってさまざまな呼ばれ方をするので、その別称も併記してあります。

左側が、ビジネスの目的を叶えるためにほしい答えで、右側がその答えを得るための手がかりです。一番上の農業の例で言えば、「ワインの価格が来年以降いくらになるか知りたい」という目標に対して、「ぶどう育成期間の降雨量、ぶどう収穫期間の降雨量、ぶどう育成期間の平均気温、熟成年数」から推定しようとしている、と読めます。[5]

ワインには先物取引の市場もあるので、樽詰めが終わる前から価格の推定ができると確かによさそうです。

5. 実際、ワイン価格については、次の推定式が知られています（引用の際に式や正負記号を誤っている書籍やウェブサイトが見られますが、アッシェンフェルター氏の回帰式として最も推定精度が高かったのは左記のものです）。

ワインの品質＝－12.145＋0.00117×冬の降雨量＋0.614×育成期平均気温－0.00386×収穫期降雨量＋0.0239×1983年までのワインの熟成年数

（アッシェンフェルターのウェブサイトより）

運頼みのデータ選定から卒業しよう

さて、こうした推定の作業設計をするには、どういう考え方をすればよいでしょうか？　今まで見てきた通り、生産性の低い典型的なやり方は、図表5－8の右側から埋める、というものであり、「このデータを何かに使えないか？」という方向の検討です。

データの解析に熟達した人であっても、目の前にデータがあるとつい発想が制約されがちです。私自身、目の前にデータがあると思わず解析したくなる誘惑に抗えなくなった経験があるので、その気持ちはよくわかります。

たちの悪いことに、データを分析していると、一生懸命仕事をしているふうに同僚や上司からは見えるので、それを止めてくれる人もあまりいません。

多くのデータ分析プロジェクトを見てきた経験則でいえば、このようにスタートした分析でビジネスに意味のあるアクションを出せたものは100に1つもなく、数時間、数日、場合によっては数ヶ月間もの組織の思考リソースを投入して、疲労と失意だけを残すものがほとんどです。これが「このデータを使って何かできないか？」という素朴な、しかし機械脳設計の成功パ

図表5-8　**作り出したいデータと、その素材となるデータ**

	作り出したいデータ（別称：目的変数、被説明変数、従属変数、正解データ、教師データ…）	その素材となるデータ（別名：説明変数、独立変数、バリアブル、フィーチャー…）
農業	今年作られるワインの来年以降の価格	ぶどう育成期間の降雨量、ぶどう収穫期間の降雨量、ぶどう育成期間の平均気温、熟成年数
金融	そのカード取引が不正取引である確率	購入されたものと金額、使用場所・利用IP、カード保有者の限度額…
医療	その人が罹患している疾病	年齢、性別、人種、血液検査結果、本人の病歴、家族罹患歴、体温、血圧・心拍数、自覚症状…
自動車	その車が交通事故を起こす確率	車の種類、保有者の居住エリア、保有者の性別・年齢・人種、過去半年の移動距離、自動車使用の時間帯の深夜割合…
小売	その会員はどのクーポン・割引率なら使うか	会員ごとの利用履歴、クーポン種類・割引率、クーポン利用時期、過去にクーポン以外で購入した商品・金額・時期…

ターンの実態を理解しない発言の、確率的な顛末です。

そうではなく、逆方向に考えましょう。まず表の左側を埋めましょう（図表5－9）。ワインの例なら、「毎年の降雨量の正確なデータが手元にあるが、これは何の目的に使えるだろうか」という開始点での問いではなく、「ワインの価格を推定したい。そもそもどういうデータが必要だろうか」という問いを立てましょう。

繰り返し強調してきた通り、これはデータサイエンスで成功するための知的生産プロセスの鉄則です。奇跡を祈るなら手元のデータから始めてもよいのかもしれませんが、まず無意味です。守破離の思想ではないですが、まずは何度も確かめられた成功の定石通りにやってみて、それから独自の工夫やアレンジを加えることで、科学的なチームプレイをしてみるべきでしょう。

データ選びの4つの基準

B：Brain（機械脳の種類）に比べて圧倒的にクリエイティビティが必要になるのがデータの選定プロセスです。ビッグデータであれば何でも実現できるかのような過剰な宣伝がありますが、ここまで読んできた皆さんは、決

図表5-9　データ選定の2つのアプローチ

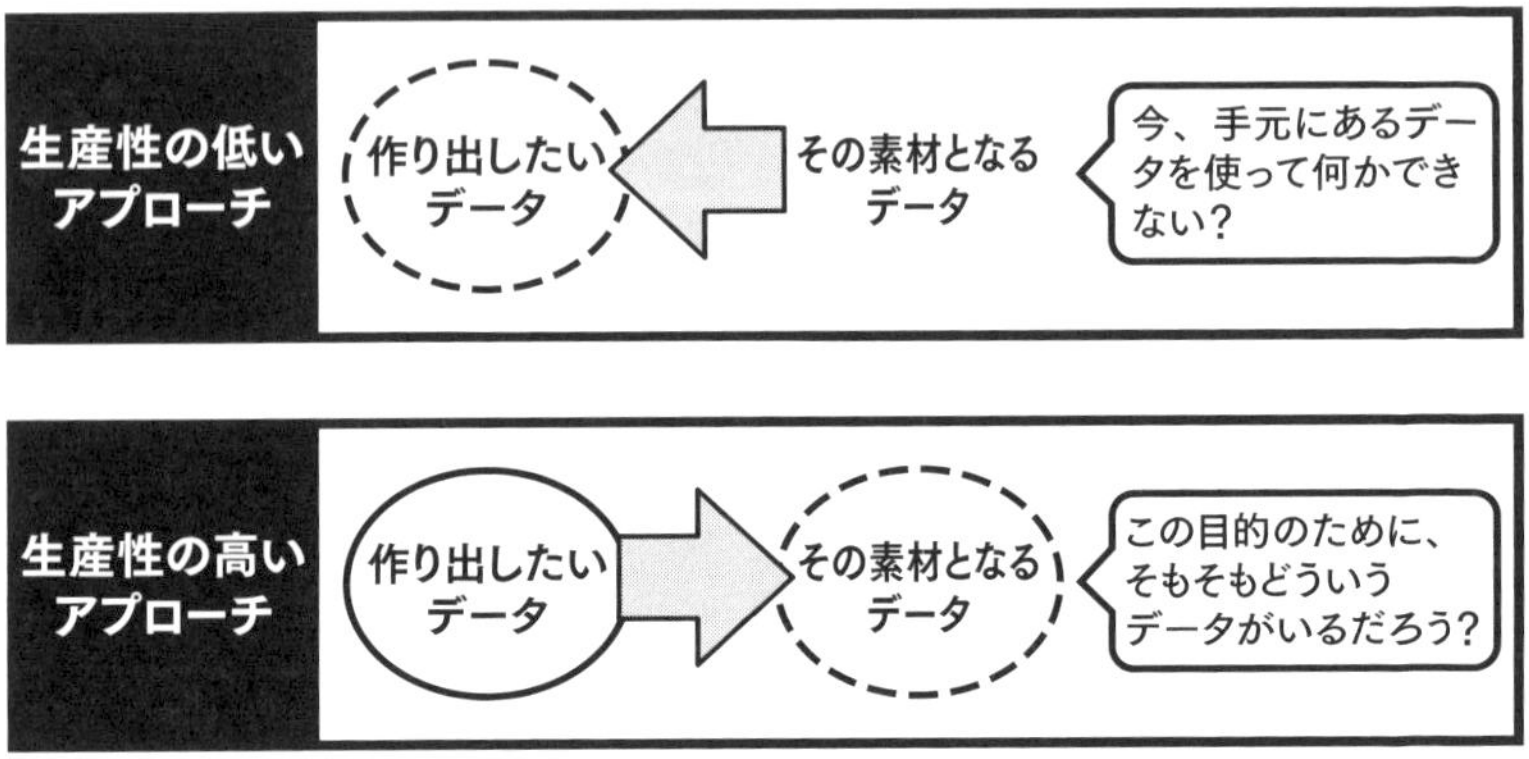

してそれが打ち出の小槌のような魔法ではないことがご理解いただけるでしょう。

では、データはどのように選べばよいのでしょうか？　ここではアイアナリシス社が実施したある大手ネット広告会社の推定ケースを取り上げて4つの基準をお話しします。

【大手ネット広告会社のケース】

この会社では、オンライン広告を、ウェブ訪問者に合わせて変えながら掲載していました。サイトに来る人からのクリック率が上がれば上がるほど、売上があがります。広告には男性を対象にした商品と、女性を対象にした商品があるため、ウェブ訪問者の性別を推定できればクリック率が上がるはずなので、どういったデータから性別を推定できるか、考えることになりました。

一部の訪問者については別途会員情報登録で性別がわかっていましたから、手始めにウェブページの訪問アクセスログのデータから、どれほど性別を言い当てられているか調べました。

アクセスログといってもさまざまです。ユーザーが使用しているブラウザの種類や、アクセスの時間帯ではあまり男女の違いが出なさそうだと考えました。ｉＰｈｏｎｅを使っている男性もいますし、同じくらい女性もいそうです。早起きの男性もいれば、夜更かしの女性もいそうです。ヤフーかグーグルのどちらから訪問するかも、いまいち男女の差を示さなさそうです。

そこで、ページ単位で性別を推定することにしました。ゴルフのページを見ているなら男性、化粧品のページを見ているなら女性、などと考えて推定したわけです。

Ｂ：Brain（機械脳の種類）で触れたランダムフォレストはもちろん、決定木、ロジスティック回帰、GBM、SVM、ナイーブベイズなどあらゆる種類を試しました。しかし、結果は散々なもので正解率は60％前後でした。サイコロの出目で男女予測をしても50％は正解するわけです。なので、60％がどれほど低いかおわかりいただけるでしょう。最先端のモデルを利用しても、このデータでは「当てずっぽうよりも少しよい」程度の成果しか出なかったということです。

そこで訪問ページというデータではなく、より性別推定に適しているデータはないか、探し始めました。しかし、新たに外部とのアクセス履歴交換をすることは予算や期間の制約から困難でしたし、アンケートで性別を取るにしても回答してくれるのはごく一部でしかないでしょう。しばらくデータの種類を確認していき、最終的にはサイト内の記事を探す際に使用する検索履歴に着目しました。

検索履歴は、訪問客のIDと共にテキストデータとして残っていました。テキストデータを利用してモデリングするためには、自然言語処理という専門的な分野の分析法が必要で、本格的な分析にはまとまった時間が必要でした。そこで、まずは短期的に結果を出すため、それよりも単純集計で性別を推定しました。

すると、推定精度がいきなり95％まで高まりました。今までどれほど高度なモデルを使っても60％程度しか正解しなかったものが、いきなり20人に1人しか外さないレベルにまで精度が高まったのです。

検索履歴が、もし日毎で集計されていたとすれば、こうした結果は得られませんでした。たとえば「6月10日は検索ワードAが100回、検索ワードBが40回」などの粗いデータでは、誰が検索したかわからなかったはずです。検索テキストデータに個人IDが紐付けられていて初めて、性別推定に利用できたのです。

このケースから、データの選び方についてどのような考えが学び取れるでしょうか？

図表5−10は、どのようなデータを使おうか、考える際に必要なチェックリストを示したものです。クリエイティブに、柔軟な発想でデータを考えなければならないことは間違いありませんが、それでもチェックリストがあることで明らかな間違いに時間をとられる割合を減らすことができます。皆さんが普段ビジネスで推定したい内容を頭に思い浮かべながら順に見ていきましょう。

データ選びの基準①
Relevancy：関連性

この視点は、一言で言えば、「関係ありそうかどうか」という点です。ワインの価格を推定したい場合は、おそらくガラス瓶よりはぶどうの質や、ワインの供給量などが関係ありそうだと仮説を立ててデータを収集します。ウ

図表5-10　**データを選ぶ4つの基準**

	内容	ウェブ訪問客の性別推定ケースでの例
Relevancy 関連性	そのデータは、目的の推定に対してどれほどの関連性がありそうか	関連性 低　：閲覧ページ、アクセス時間帯、使用ブラウザ、訪問元のウェブサイト 関連性 高　：サイト内検索で入力したテキストデータ
Volume データ量	データ量は豊富にあるか	データ量 少：少人数に、アンケートで直接性別を聞く データ量 多：サイト内検索で入力したテキストデータ
Granularity 粒度	粒度は十分に細かいか	粒度 粗　：日毎に集計された検索ワード 粒度 細　：ユーザーIDごとに入力した検索ワード
Cost / Effectiveness 費用対効果	目標達成に対して必要なデータ量を、十分細かい粒度で集めたとして、その費用は許容範囲内か	コスト 高　：外部のアクセスログ購入、大規模なアンケート調査 コスト 安　：自前のログデータ

ェブ訪問者の性別特定では、当初はゴルフページ・化粧品ページなど、どの商品を見ているかが性別に関係ありそうだ、と考えました。しかし、後からわかったのはサイト内検索で入力したテキストデータのほうが、関連性が高いということでした。

ウェブ訪問者の性別推定は、2つの点でデータに恵まれました。第1は、実際にその訪問者の性別がどうか、判定するための教師データがあった点です。図表5－8の左側のデータですね。複数のモデルの正答率を比較しようにも、この正解データ、つまりお手本がなければ、モデルごとの甲乙を付けることができないからです。一部のユーザーとはいえ、正解データをきちんと保管しておいたことはファインプレーといえるでしょう。

第2は、性別推定の最終的な決め手となったサイト内検索での入力テキストがユーザー情報に紐付いて保存されていた点です。これも、そもそもウェブサイトを作る際には、性別推定のモデルで検索ワードが将来決め手になるとはわからないわけですから、そうしたデータ保存は必須要件ではなかったはずです。これも設計者・製作者のファインプレーです。一般に、データは多いほどよいものの、その量や種類に比例して取得・保存に関わるコストも大きくなります。しかし、それでもなお、後から取り出せる形でデータを保存していたので問題を解くことができました。

データ選びの基準②

Volume：データ量

この視点は、「推定したいものに対して、十分なデータ量があるかどうか」というものです。分野によりますが、データサイエンスを利用した研究でよいモデルを作るときに必要なデータ量は「推定したいカテゴリごとに、少なくとも百前後から数百程度」という暗黙知があります。性別推定では、男性か女性か、なので、それぞれについて少なくとも100程度×2のサンプルがあればよいとしました。

カテゴリごとのデータ量、という考え方には注意点があります。たとえばガンの画像診断で、「肺ガンか肺ガンでないか」の2カテゴリを推定すると考えましょう。肺ガンである・肺ガンでない、それぞれ100ずつの200枚あればよさそう、と考えたくなりますが、実はそうではありません。肺ガンの中でもいくつかのサブカテゴリがあるからです。

たとえば、まず扁平上皮ガン・腺ガンなどの大分類があり、さらにCTの写り方が違うパターンがいくつかあります。画像の特徴が大きく異なるのですから、それらのパターンも1つのカテゴリとして換算しなくてはなりません。さらにまた、肺の写り方が性別や年代、喫煙歴の有無などのデモグラフィック情報によって見え方の特徴が異なっている場合、それらもカテゴリとして考えてデータを用意しなければならないのです。

医療分野で頻繁に議論されるのは、「海外のデータで作られたモデルが日本で利用できるのか」

という問題です。たとえば、遺伝子による疾病検査があります。アメリカに住む白人男性の遺伝子を集めて作った遺伝子検査キットは、日本人にうまく当てはまるのでしょうか？　ほとんどの疾患領域で遺伝子には人種差があるという研究結果があるため、日本人に適したモデルを開発するためには、日本人のデータを利用するのが一番だと考えられます。この場合、今までの蓄積データで利用できるデータ量はほぼゼロです。遺伝子検査キット会社が、「世界で使われている信頼の遺伝子診断サービス、日本デビュー」と謳《うた》ったところで、それを自分にも高い精度で再現できるかは疑問です。

しかし、仮に白人男性でもアジア人男性でも、ほとんど検査精度に差がない特定疾病分野があったとしましょう。その場合は過去の蓄積データが、とたんに使えるデータ量に変貌します。医療領域へのデータサイエンスの応用、と一言で表現しても、その内容は意外に複雑です。そのため、かなり綿密に内容を吟味しなければ、必要なデータ量ひとつとっても思いがけない落とし穴にはまりがちです。

データ選びの基準③
Granularity：粒度

この視点は、どれほどのデータ粒度、メッシュの細かさなのか、という観点です。粒度という言葉はなかなか普段使用しませんね。粒度とは、どの程度の粗さ・細かさなのかを示す指標です。

データ粒度を細かくする方法は2つしかありません。測定密度と組み合わせです。

測定密度とは、ウェブサイトのアクセス数で言えば、「この1年のアクセスは1000万PVでした」というのが粗いデータで、「その1年のPVが1月1日の0：00から12月31日の23：59まで1分単位でずらっと並ぶよう、測定密度を高めたもの」が細かいデータです。これだけデータの粒度が違えば、プロモーションに適した日・時間・分に至るまで、推定できる対象は段違いに増えます。

ミュージカルの『RENT』の主題歌“Seasons of love”に、「525,600 minutes. How do you measure a year in the life?（52万5600分。あなたは人生の1年という時を、いったい何で測りますか？）」という一節があります。単純計算で1分ごとのデータには1年ごとのデータの52万5600倍の分解能があり、52万5600倍データの粒度が細かいと言い換えることができるのです。情緒的な表現が元も子もなくなりましたが、「測定密度」という視点でデータを捉えることで、同じ1年という範囲を細かく表現する可能性は理解いただけたでしょう。

組み合わせは、複数データを混ぜることで解釈を多角的におこなえるようにするものです。ウェブ訪問者の性別推定では、検索ワードごとの集計ではなく、ユーザーIDと検索ワードが紐付けられて保存されていました。これは、同じ検索データ（たとえば「ネクタイ プレゼント」）があっても、そこに追加のデータを組み合わせることでデータの粒度を細かくしている例といえます。ウェブサイトへのアクセス数で言えば、誰がアクセスしているか、どの地域からアクセスしているか、どのブラウザでアクセスしているかなど、切り口を複数用意することで粒度を細かくし、分解能を高めることができます。

ここまでの議論で、単に「検索履歴を保存しています」と言っても、その粒度は千差万別であり、「検索単語が月ごとに集計されて残っている」ものと、「ユーザーID付きでアクセス地域、ブラウザ、タイムスタンプ付きで残してある」のとでは、設計に与える意味合いがまったく違います。

ではデータ粒度をどのくらい細かくしたものを用意すべきなのでしょう。この答えを決めるときには、常に推定したい目的変数の粒度に立ち返ります。たとえば、特定のクレジットカードのオンライン取引が詐欺かどうかを見破りたいのに、去年の合計詐欺件数だけわかっても何の役にも立ちません。このレベルの細かい推定が必要なら、購入された商品、その単価、個数、購入店舗、アクセス元のＩＰアドレス、秒単位でのタイムスタンプまで、元データは、測定密度・組み合わせ共に可能な限り粒度の細かいものがよいでしょう。

粒度が細かければ、それだけデータサイズも大きくなります。アクセスするユーザーが多いサービスやアプリ、取り扱っている商品数が多いコンビニなどでは、全ての元データを溜めておくと膨大なデータ量になります。その分、保管するためのリソースが必要ですし、そのデータを分析するときに加

図表5-11　**データの粒度「1年間で1000万PV」というウェブサイトアクセスのデータについて、粒度を細かくする2種類の方法**

粒度を細かくする方法	例	データ表示サンプル
集計単位を細かくする	ウェブサイトへのアクセスの1分ごとの集計	1月1日 00:00＝25PV　12月31日 23:57＝55PV 1月1日 00:01＝11PV　12月31日 23:58＝80PV 1月1日 00:02＝18PV…　12月31日 23:59＝31PV
集計対象の組み合わせを増やす	ウェブサイトへのアクセスの、ユーザーID・アクセス地域・ブラウザごとの集計	Aさん, 東京都, iPhone Safari, 30PV Aさん, 大阪府, iPhone Safari, 2PV Bさん, 京都府, Mac Safari, 15PV Cさん, ハワイ, Android Opera, 11PV…

工するための処理時間も必要になります。「とりあえずユーザーログを全部溜めていますが、全部ダウンロードするだけで4日、解凍するのにさらに7日かかります」となっているケースも聞きます。そのようなデータでは、迅速に分析をおこなうことができません。

元データは可能な限り全て保存。その中で推定に役立ちそうなデータの目星をつけ、そのデータは定期的に集計・保存。ビジネス課題や役に立ちそうなデータが変更されたら集計ルーチンも更新する、という一見手間がかかる方法が長期的には最も効率を上げます。

データ選びの基準④ Cost Effectiveness：費用対効果

最後の観点は費用対効果です。プロジェクトで目標とする指標が推定できればいくらのリターンがあり、そのためのデータ取得と整備にいくらまでかけてよいのかを考え、データを絞り込んでいきます。また、データの取得方法について、より安価で済むような工夫ができないか、同時に検討します。

実際の企業プロジェクトの現場では、データが大切なことはもちろんわかるが、手元にデータがないために新たに作らざるを得ない、しかしその費用の承認がおりない、という苦悩も少なくないはずです。事実、コンサルティングやセミナーでも、データ作成費用がないために進められない、どうすればよいのかという質問を受けます。

まず、言うまでもなくデータサイエンスを活用したプロジェクトの目的は、データを分析することではなく、成果を出すことです。これは全員が首肯されます。しかし、成功させる手段については若干の誤解があります。「データサイエンス」のプロジェクトだからといって、成功させるためにチームがとるべき手立ては、データ分析作業に限定されるべきではありません。

費用承認がおりないならば、データ投資によって可能になることのメリットを教えたり、データサイエンスについての役員のリテラシーを高める啓蒙イベントをおこなったり、短期で投資対効果がはっきりわかる小規模なパイロットを提案したりと、可能なら外部からの予算獲得なども含めて活動すればよいのです。そもそも費用対効果の説明を求められないプロジェクトのほうが奇妙でしょう。

確かに、これは多くの人にとって簡単な仕事ではありません。「プロジェクトの費用対効果」「データに投資すべきと考える理由」といったビジネスケースを作ってキーパーソンを説得していくスキルセットと、必要なデータの種類・量・粒度やデータベースのハード要件、推定モデルの改良といったスキルセットとを持ち合わせる人材は多くいません。近年のデータ解析トレンドの高度化スピードが早く、キャッチアップできている人材の絶対数が少ないこともその理由の1つですが、もっと根本的に、人のキャラクターのタイプが両者で違うように思います。

しかし、だからこそ両方できるようになれば、人材としての希少価値は高まります。人材の紹介の依頼を受けることもありますが、モデリングの具体論までわかるプロジェクトリーダー、資金調達のできるデータサイエンティスト、どちらも完全な売り手市場です。一朝一夕で今までとは違った考え方やスキルセットを身につけることはできませんが、そこに近づくための努力はシンプルです。自分とは違うスキルセットを持ったメンバーと団結して、プロジェクトを成功させるために何でもすればよいのです。

今までの専門領域がデータサイエンスであれば、どれだけの費用対効果をあげられるなら投資をしてもらえるのか考えればよいでしょう。逆に、今までの専門領域がプロジェクト管理だったのであれば、推定対象と親和性の高いデータと加工方法、モデリングの具体論まで必死に教えてもらえばよいのです。

正論ではあるが、途方もない、と感じられるでしょうか。では、そうした学習を進めていくうえで、ちょっとしたコツをご紹介します。

今までデータサイエンスに直接的な関わりを持たなかった方は、データの定義について意識的になるだけで、急にプロらしい、それっぽい議論ができるようになります。たとえば先に述べた売上日付の定義を考えましょう。明らかにみえますが、売上日付の定義は契約書に書かれた契約日でしょうか？　メーカーなら、自社倉庫からの出荷日、卸の入庫日、卸の検品完了日、卸からの入金日、卸からの出荷日、顧客倉庫の受入日、検品完了日、入金日など、多くのパターンがあり得ます。「売上日付」と言われたときにこれだけ多くの定義の可能性を思い浮かべるのは、はじめのうちは困難でしょう（図表5－7）。しかし、データの定義について常に注意を払うことで、徐々に短い時間でピンとくるようになります。

なお最後に、安価なデータというと、よく話題に上るオープンデータについて一言補足します。無料で使用できるためにもてはやされていますが、筆者の経験上、少なくとも日本のオープンデータについてはそのままビジネス文脈でのデータサイエンスや意思決定に使えるものはありませんでした。今後の発展に期待したいところですが、現状はかけた労力に見合う結果が得られないことも多いため、オープンデータには頼らない、という方針を私はとっています。

使ってよいデータ、使ってはいけないデータ

さて、どのようなデータを使うか決めたとしましょう。ハードウェアからのデータであれば、センサーを一通り導入して、データが集まってきたとしましょう。しかし、データが手元にあったとしても、全てのデータを使ってよいわけではありません。捨てなければいけないデータがたくさん含まれているのが常です。

データを吟味する際には、データの期間（データを取得した時期は適切か）、データの均質性（異質なデータが含まれていないか）、データの質（ミスがどれほど含まれているか）を見ます。これを無視して全てのデータを使うと、せっかくの分析が役に立たなくなることがあります。一

通り分析が終わった後に、間違ったデータセットを使っていることが判明し、全ての分析のやり直しをするはめになったときには、暗澹《あんたん》たる気持ちになるものです。では、データの取捨選択の間違いとは、具体的にはどういうことでしょうか？

まず考えられるのが、データの期間です。状況が変化すると、それ以降に抽出するデータの性質は今までと異なるようになり、それ以前のデータを使うとモデルが狂います。

ウェブサイトであれば、ウェブサイトリニューアル前のデータでリニューアル後の挙動を予測するモデルを作ってはいけません。血液検査データなら、使用する試薬や検査キットが変わる前のものを混ぜてはいけません。太陽光パネル・電力買い取りなど、制度が変わることで市場の振る舞いが大きく歪むケースも同様です。

このような状況のターニングポイントとなるのはどこなのか、いつ以降のデータであれば使用してよいのかを吟味して、データの期間を定めることになります。データ取得期間も含めた「データの定義からはじめる」という一見地味な作業は、こうしたデータ選定の土台になる重要な手続きです。

図表5-12　**捨てなくてはならないデータを選ぶポイント**

取得期間	**データを取得した時期は適切か**
均質性	**異質なデータが含まれていないか**
質	**エラー・ミスがどれほど含まれているか**

しかし、期間を区切ったからといって安心はできません。同じ期間内であっても、データの均質性が崩れていることがあるからです。データの分析に使用するデータは、異なる質のものであってはなりません。

ウェブサイトのアクセス分析で、ウェブサイトリニューアル後のデータのみを取り上げたとしても、ヤフーニュースのトップで大きく取り上げられた日の訪問者の挙動は、通常のものとは異なるでしょう。それにもかかわらず、どのページ遷移動線で購入が決まるかを十把一絡げに分析してしまう失敗例が後を絶ちません。

医療の例で見てみましょう。特定の疾患の罹患率を分析するときには、疾病そのものの生理学的特徴に加えて、罹患が発見され、認定されやすい社会環境・医療環境にも目を向ける必要があります。アメリカの児童におけるＡＤＨＤ（注意欠陥多動性障害）の罹患率がここ数年で１・３倍にも増えていますが、ＡＤＨＤ疾病認定による家計補助が出る州と出ない州とでは、目に見える罹患率が違って当然でしょう。

こうした複数行政地域をまたいだ疫学データには均質性に注意が必要であることは想像に難くありません。ですが、病院にある検査データであれば安心でしょうか？

実は、均質性が高そうな医療データでさえ、均質性の落とし穴があります。たとえば試薬や測定機器メーカーが変わることで血中コレステロール値は容易に変動します。近年の臨床研究では、こうしたデータの均質性が担保されていないものは認められなくなってきています。常に、どういった環境下で、どのように取得されたデータなのかを想像する必要があるのです。

時間の8割はデータクリーニングに

最後に、データの質について見てみましょう。データ分析の教科書にあるデータとは異なり、現実のデータにはエラーがたくさん含まれています。厳重に管理されているはずの病院内の医療データであっても、テスト測定データやダミーデータが入っています。小数点の位置を間違っているものもあり、それが成人身長なら「16.3cm」でなく「163.0cm」の間違いだと気づきますが、血液検査データだと入力間違いなのか、疾病を示す異常値なのか即座に判別できません。10倍、100倍、場合によっては1000倍の振れ幅のある検査値があるからです。また、データの中には、数は少なくても極端な傾向を示す外れ値もあります。こうした問題だらけのデータを、分析に耐えられる状態に整える作業をデータクリーニングといいます。

データを分析する時間の8割ほどはこうしたデータクリーニング作業に費やされるのが通例です。データ解析をおこなった経験がなければ、「ゴミデータは除いたら終わりではないか？　単純作業ではないか？」と思いがちです。しかし、これは単純作業ではなく、総合的な判断を求められるプロセスです。そして、これもまた分析結果を左右しかねないプロセスなので気を抜くことができません。

たとえば、スマホのゲームアプリのユーザーデータを分析するとしましょう。どのようなユーザーがいるのかユーザーの特徴を分析したいとき、1週間のログイン回数の分布をチェックするとほとんどのユーザーが1から10回程度だったとします。しかし、ごく一部のユーザーは1万回もログインしていたとしましょう。さて、この分析をするときに、1万回ログインしているユーザーは〝外れ値〟として除外するのが正しいでしょうか？

答えは、「分析する目的によって異なる」です。たとえば分析目的が「ライトユーザーやミドルユーザーの特徴を発見し、ライトユーザーをミドルユーザーに育てるためのゲームバランスの変更を考えたい」というものだったら、外れ値として除外することが適切でしょう。この場合も、ログイン回数1000回以上を外れ値とするのか、100回以上を外れ値とするのか、決まった答えはありません。データサイエンティストとデータGMが議論して決めることになるでしょう。

一方で、「一部のヘビーユーザーである大量課金プレイヤーとそれ以外のユーザーの特徴の違いを把握することで、潜在的な大量課金プレイヤーを早期に発見するロジックを作りたい」というものが分析目的であれば、外れ値として扱ってはいけません。1万回もログインしているプレイヤーこそが求めているものだからです。

欠損値はどう扱う？

外れ値ではなく、値そのものがない、エラー値が入っている、もしくはそのデータが測定された理由が合理的に説明できないために分析から除外するものを「**欠損値**」といいます。
その扱いについても、経験的におこなわれているコツがあります。それは、身も蓋もありませんが「あまり考え過ぎない」ことです。たとえば、先ほどの身長データの例で、身長の項目に「16.3cm」というデータがあったら「163.0cmを打ち間違えたのだろう」と思いつきますが、「31.5cm」などの数値が身長の欄に入力されていたらどうでしょうか？　このような数値を説明する理由はすぐには思いつきません。こういうとき、私が分析者であれば、いっそのことそのデータは利用しません。長い時間をかけて理由を考え、データの質を100%にすることを目指すよりも、そういうデータは切り捨てて分析を進め、報告と議論を進め、次のステップに進むことを選びます。6.

統計学の中に、欠損値に関する研究分野があります。その研究結果では、「欠損がランダムであれば、分析結果に影響を及ぼさない」ということがわかっています。入力ミスもランダムに起こるとすれば、それを作為的に欠損にしてしまっても、分析結果に影響はないということです。私のこれまでの経験では、全データ件数のうち5〜10%程度は、欠損によって件数が減少してしまっても気にしないようにしています。

もちろん、黙って恣意的なデータ操作をすることは、データを捏造しているのと同じことです。それを避けるためには、欠損値処理も含めて「誰が、いつ、どのようなデータ加工処理をおこなったか」ということを、データ処理フローに残しておくことが大切です。

6.
なお、医薬品の治験プロセスでは欠損値を「あまり考え過ぎない」では済まされません。事前に、どういった場合は欠損値として扱うか書面として残し、当局の許可を得ている必要があります。ここで指摘しているのはあくまでも一般的な分析を効率的に進めるための時間配分上のコツです。

E：Execution（実行）

一気通貫を意識して実行する

機械脳の作り方の最後の説明パートは、E：Execution（実行）についての部分です。多くの誤解があり、また、重要性が過小評価されやすい部分でもあります。

E：Execution（実行）は、これまでに設計された機械脳を、目論見通り企業の中で活用し、A：Aim（目的）を達成するための具体的な手順です。

出島一、西苑すみ子、デン・エンゲルの3人のチームの会話には、実際の運用時に具現化しそうな想定が出てきました。たとえば次のような、E：Execution（実行）面でのリスクシナリオや、対策へのコメントがありましたね。

出島一「決めるのはベトナム工場にいる生産管理部のメンバーです。なので、彼らに納得感がないと結局使ってもらえません」

ここでは、実際に使用するB：Brain（機械脳のモデル）を、A：Accuracy（精度）は高いが

I：Interpretation（解釈容易性）は低いモデルではなく、その逆を選択するという結論を得ました。

逆に肺がん発見の画像診断アルゴリズムでは、

出島一「営業チームが言うには、認定医レベルと遜色ない判断ができることが証明されてこそ、病院での導入につながりますからね」

というコメントから、C：Coding/Construction（プログラミング作業・実装）でフリーズしないハイスペックPCごと顧客にレンタルする、という結論を得ています。

これらはすんなり議論ができた理想的なケースであり、実際にはチームで長時間作ったプロトタイプが現場のフィードバックでやり直しになることもあります。また逆に、現場での実態に即さないものを、ネガティブな意見を圧殺して利用を強要してしまい、そのうち誰も使わなくなるという悲劇もあります。

機械脳がA：Aim（目的）を達成するには、組織の中の誰がどのように関わる必要があるのか、その人たちにとって新しい機械脳を受け入れるための理由は何なのか。誰がどのように実行状況をモニタリングしていくのか、想定されるリスクシナリオと対策はどの時点で実行するのかを決めていきます。

よくある落とし穴

E：Execution（実行）での落とし穴を2つ紹介しましょう。

1つ目の落とし穴は、そもそもE：Execution（実行）を担当者が初めから軽視していることです。コンサルティングをしていると、「優れたモデルを作ったのに、現場に理解されずお蔵入りになった」という趣旨のデータサイエンティストの敗戦の弁を聞くことがあります。自嘲気味な響きの裏に、理解しなかった現場に原因を求める他責感情があるように見てとれたときは残念でなりません。言葉は厳しいのですが、いくら高度なモデルを用いた分析をおこなったところで、それが使用されなければ付加価値はゼロです。プロジェクトの結果が出なかった責任を現場に転嫁しているうちは、その担当者が成長することもなければ、市場価値が上がることもありません。「理解しない」現場を見下す態度などはもってのほかです。

そもそも、1つの機械脳モデルが絶対的に優れていることなどありません。ビジネスにおける機械脳モデルの「優秀さ」は、数学的なエレガントさでは決まりません。現実の課題解決に貢献したことをもって評価されるものです。このデータサイエンティストの嘆きは、大衆向けのハンバーガーチェーン企業なのに、最高牛を使ったレシピを提案して「美味しいハンバーガーなのに、採用されなかった。彼らに味はわからない」と責任転嫁しているようなものです。データサイエンティストが転職で最も失敗する典型例も、このように、機械脳モデルが価値を実現するまでの道筋についての想像力の欠如が原因です。

データサイエンスによる取り組みを成功させる達成感がほしければ、E：Execution（実行）が完遂されるための粘り強いコミュニケーションがA～Dまでと同じだけ重要だと、考えを改める必要があります。

2つ目の落とし穴は、組織設計のミスです。これは担当者の失敗ではなく、マネジメント層の失敗です。たとえ担当チームがE：Execution（実行）の重要性をよく理解していて、根気よく機械脳を使った取り組みを啓蒙しようとしても、受け入れる側に動機がなければこの種のイノベーションを受け入れてもらうのは困難です。部署の風通しが良くない大企業の方であれば痛感されているでしょうが、受け入れる側が部署の部分最適しか見ていなければ、部署横断の取り組みなど、いとも容易《たやす》く骨抜きにされるか頓挫するかします。

これは担当者個人や、個別部署の力では如何ともし難い面があります。消費者や顧客のマーケット感覚から見て正しいと思えないマネジメント方針に、悔しい思いをされている読者もおられるでしょう。

しかし、会社がこうした環境にあっても、嘆く以外の建設的な方法はあります。具体的には、担当者からマネジメント層に組織構造の是正を働きかけ、サイロを改善することです。

たとえば、コマツ製作所のコムトラックス（第2章参照）はデータ活用が部署横断で付加価値を創出した好例ですが、これが実現される以前の建機事業は研究・開発・生産・マーケティング各部の機能に分化し過ぎており、データ活用以前の組織課題がありました。それを、当時の担当者が社長に建機部門を独立組織化することを提案し、建機事業本部が全機能を統括する独立組織に再組成された後、データの一気通貫利用が必須であったコムトラックスが実現しています（独立組織化の提案と実行の中核を担った安崎氏の貢献は高く評価され、後に社長に任命されました）。

取り組みのポイント

繰り返しになりますが、E：Execution（実行）はA～Dまでの過程と同じだけ重要であり、決して過小評価してはならないステップです。機械脳を活用した改善の目論見が初回から大当たりすることは稀ですから、パイロット実験は何度も失敗するはずです。そのたびに繰り返し粘り強い交渉や、やり方の修正が求められます。チームはまずその認識を持つべきでしょう。また、マネジメント層レベルでは、不確実性を伴うデータ活用の取り組みを組織が受け入れるための、事業責任の明確化が不可欠です。

後者は、データサイエンス活用の教科書にしては大げさに聞こえるかもしれませんね。確かに、本書のテーマは経営論・組織論ではありません。ですが、機械脳の活用というレンズを通じて経営・組織の機能不全を改善する道筋が見える、という側面はあります。

以下で、E：Execution（実行）段階での、具体論を見ていきましょう。

「実行」はデータの異種格闘技戦

E：Execution（実行）の完遂のために担当者レベルで考えるべきことは何でしょうか？　私が見てきたプロジェクトからの共通項を抽出するとすれば、それはビジネスサイドの担当者・データサイエンティスト・データエンジニアの三者が協力してプロジェクト完遂までの手綱を握ることです（1人でそれができるスーパータレントもいますが、序章で書いた通り、そこに頼るのは多くの企業にとって再現性・スケール容易性に欠けるアプローチであり、本書は科学的なチームアプローチを主張する立場です）。

ビジネスサイドの担当者・データサイエンティスト・データエンジニアの三者は、それぞれ会社で経験してきたことも、人的ネットワークも、興味・関心も違います。一見して問題なく協力作業をしていても、実は無意識に前提としていることが異なると後から齟齬《そご》が生まれます。

ただし、これにはすでに「特効薬」が発明されています。それは、徹底的に言語化して共有、かつその内容を更新し続けることです（図表5－13）。

A：Aim（目的）では、目的をスマート（SMART）に記述せよ、というものがありま

図表5-13 **機械脳の作成において、部署混成チームが失敗しないための共通表（最低限、書き下して共有し、都度更新が必要な項目）**

カテゴリ	言語化する際のポイント
Ⓐ Aim：目的	● S Specific：具体的な目的か ● M Measurable：測定可能な目的か ● A Achievable：達成可能な目的か ● R Relevant：意味のある目的か ● T Time Bound：期限付きの目的か 例 （手段） ○○することを通して （対象） ○○が （数値基準） ○○となることを （期日） ○○までに達成する （制約条件） ただし○○とする
Ⓑ Brain：機械脳の種類	● A Accuracy 精度：期待した意思決定をするうえでの精度が出せるか ● I Interpretation 解釈容易性：結果を人間が解釈することがどれほど容易か ● C Coding / Constructionプログラミング作業・実装：どのような仕組み・実装方法・体制で実用を企図し、それはどれほど容易か ● S Speed 速度：データを収集してから、アルゴリズムが処理できる状態になるまでの時間は短いか。アルゴリズムの処理スピードは十分短いか、データ量が増えてもスピードを維持できるか
Ⓒ Coding/Construction ：プログラミング作業・実装	●どのプログラミング言語（どのライブラリ）を使用するか、その理由 ●どのサーバー構成を利用するか、その理由
Ⓓ Data：データ選定と整備	●作り出したいデータは何か、そのための元となるデータは何にするのか ●「元となるデータ」を選定した根拠 R Relevancy：関連性 V Volume：データ量 G Granularity：粒度 C Cost Effectiveness：費用対効果 ●データクリーニングの処理ルール、欠損値の扱いも含めた記録をおこなう ・データの期間（データを取得した時期は適切か） ・データの均質性（異質なデータが含まれていないか） ・データの質（ミスがどれほど含まれているか）
Ⓔ Execution：実行	●これらの項目を、面倒がらずに言語化してチームが全員閲覧できる状態にしているか。適切な頻度でバージョンアップをおこなっているか ●機械脳に関わる組織・人は誰か。その現状とニーズは何か。導入時の想定リスクシナリオと対応策は何か

した。S：Specific（具体的な目的）か、M：Measurable（測定可能な目的）か、A：Achievable（達成可能な目的）か、R：Relevant（意味のある目的）か、T：Time Bound（期限付きの目的）か、という頭文字をとったものでした。

いったんA：Aim（目的）をSMARTに書き出したら、トップマネジメントから現場まで、実現の鍵を握るキーパーソンに書き出したものを見せながら、意見と協力を求めるのがE：Execution（実行）フェーズの第一歩です。担当チームレベルとは違った視点から示唆を得られるはずですし、ゆくゆくはプロジェクトの応援団になる人が見つかることでしょう。

プロジェクトのキックオフには何らかの形で経営層が関わっていることが多数ですが、いざA：Aim（目的）を言語化して意見を求めると、よい反応を得られないことがあります。その理由についてはさまざまな言葉で説明がなされると思いますが、よい顔をしない経営層の感想は一言でまとめると大概「経営インパクトが小さそう」というものです。正しくSMARTに記述できていれば、測定可能な方法で、具体的な目標が設定されているはずですから、それをもってしても十分に説得できていないのであれば、そもそも目標がずれています。素直に違う方法を考えましょう。リーダーが登るべき山の指示を間違えていたら、チームの努力量とは関係なく、ゴールには届きません。ぶつけては直し、またぶつけて、を繰り返して「そもそも何をするべきか」を納得できるまで考え続けます。

A：Aim（目的）ができたら、今度はAだけでなく、B・C・D・E全てについて、言語化します。

B：Brain（機械脳の種類） の言語化では、理系バックグラウンドではないビジネスサイドの担当者も含めて、どのモデルを選んだのか、次の4つの視点からなぜそれが妥当だと言えるのか、チームで書き出します。

A：Accuracy（精度） 期待した意思決定をするうえでの精度が出せるか

I：Interpretation（解釈容易性） 結果を人間が解釈することがどれほど容易か

C：Coding/Construction（プログラミング作業・実装） どのような仕組み・実装方法・体制で実用を企図し、それはどれほど容易か

S：Speed（速度） データを収集してから、アルゴリズムが処理できる状態になるまでの時間は短いか。アルゴリズムの処理スピードは十分短いか、データ量が増えてもスピードを維持できるか

プロジェクトルームがあるなら、大型のイーゼルパッド1枚にまとめて貼りだしてもよいでしょう。部屋がなくても、席の近くの壁に貼っておくだけでもよいです。昨日までなかった大きな紙が貼ってあれば他の社員も気づくでしょうし、意外なところから助けが来るきっかけにもなります。

機械脳でのトライアルには、成功しないリスクがつきまといます。プロジェクトチーム以外の

社員にとっては、新しいトライアルへの協力は大体既存の業務に追加で必要なもので、面倒な印象を持たれることも多いでしょう。しかし、チームが一生懸命にA：Accuracy（精度）や、チーム以外のメンバーにとってのI：Interpretation（解釈容易性）について考えてくれているとわかれば、協力しようという気持ちになるものです。データサイエンスは無機質でドライなものに思えますが、そのプロジェクト実現は人の意志で成されるものであり、その意味でウェットな人間関係なしには語れません。

C：Coding/Construction（プログラミング作業・実装）のステップの重要ポイントを覚えているでしょうか？

①使用する言語・ライブラリの選択が恣意的でなく、明示的な根拠に従っているか
②無根拠な不安や時代に合わない社内ポリシー、間違った法令理解に囚われず最適なサーバー構成を選択しているか
③チームへの依頼は誤解の余地なく十全か

がポイントでした。

普通はエンジニア任せで、いつの間にか決まっているものでも、あえて書き出してみることで「社内システムがJavaで動いているので、よく考えたらPythonで書いてJavaに直すより、はじめからJavaがいいな」などと意外な気づきがあるものです。また、明示的な選択理由が書き残されていることで、担当者やベンダーが変わったときに、何は変えて良くて、何

は変えてはいけないのかを把握することが容易です。これがないために、毎回一から意思決定をやり直すはめに陥ります。

日々業務が変わるのに全て書き残すことは現実的でない、という意見もあるかもしれません。しかし、現に多くのミス・コミュニケーションがあるわけですから、試す価値はあるように思います。何も、全ての決定を紙にせよと言っているわけではありません。肝となる意思決定がブラックボックスにならないように、と言っているだけです。

D：Data（データ選定と整備）の言語化では、そもそも何の目的データを作るために、何の素材データが必要なのかを考えるのでした。その際、「今手元にあるデータから発想する」のではなく、A：Aim（目的）を起点に考え、

・Relevancy 関連性
・Volume データ量
・Granularity 粒度
・Cost Effectiveness 費用対効果

の観点から、そもそも元になるデータとしてどんなものが筋が良いだろうか、という逆算思考が必要でしたね。

これらの観点から、なぜこの元データが妥当なのかを言語化しましょう。この時点で「確かにこのデータ選定は良さそうだ」とチーム自身が納得できなければ、データ収集・データクリーニ

ング・分析をおこなってみても、目標の達成は難しいでしょう。D：Data（データ選定と整備）の段取りが良くなることで、その後のデータ処理の時間が無駄になってしまうリスクを低減できます。「なんとなく、このデータを使うというのがプロジェクト開始時からの流れだったから……」という曖昧な理由でこのパートをなおざりにせず、しっかり書き出しましょう。

D：Data（データ選定と整備）が決まれば、次はデータクリーニングが必要になります。

・データの期間（データを取得した時期は適切か）
・データの均質性（異質なデータが含まれていないか）
・データの質（ミスがどれほど含まれているか）

の観点から、データのクリーニングをおこなっていきます。これらの視点からデータクリーニングのルールシートを作成し、どういった処理ルールにするかチームで合意して文章化し、実際の処理記録とともに蓄積してきましょう。

データクリーニングは非常に地味で、時間も取られます。忙しくてここまで手が回らない、と言いたくなる気持ちもわかりますが、せっかくA：Aim（目的）設定からC：Coding/Construction（プログラミング作業・実装）までが適切でも、そこで処理するD：Data（データ選定と整備）がだめだと、今まで努力して積み上げてきたものが無駄になってしまいます。素晴らしい厨房と調理器具、優秀な料理人を揃えたのに、食材が傷んでいるようなものです。データクリーニングの方法（How）を決めることは、その根拠となるD：Data（データ選定と整備）として何が望ましいか（What）、そしてそれはなぜか（Why）までをチームで再確認する良い機会ですから、最後まで気を抜かず取り組みましょう。

E：Execution（実行）

のパートの言語化では、まずはここまでのA：Aim（目的）からD：Data（データ選定と整備）までに関わる主要な論点と現時点での結論を文章化していきます。「わざわざ書かなくても、全員わかっているので問題ない」とタカをくくっていても、実際にその通りだった例がありません。必ず発見があるので、横着せずに文章化していきましょう。

E：Execution（実行）固有の部分で言えば、今回の機械脳が目論見どおりに組織内に受け入れられ、実行されていくまでのステップを書き出していきます。この部分は組織規模や機械脳の種類によってケース・バイ・ケースですが、関わる組織・人、その現状とニーズ、この機械脳導入時の想定リスクシナリオと対応策、この程度のことはチームで議論し、書き出しておきましょう。繰り返し言語化をすれば、次第に、出島一、西苑すみ子、デン・エンゲルチームのような息の合った議論ができるようになります。

第6章

機械脳を可能にする組織の作り方

データサイエンティストのイメージと実際

本書で紹介したケースは、どれも鮮やかで、データサイエンスの世界に身をおく筆者でさえも、初めて見たときにはその着眼点や実現方法に膝を打ったものです。

こうした魔法のような技術を実現するのは、さぞかし特殊な能力を持った、一部の天才たちであるように皆さんは思われるかもしれません。本章ではその誤解を解くために、データサイエンティストについての一般的なイメージと、実際にどのように考えるべきなのかを伝えます。

目下、データサイエンティストという職種は圧倒的に供給量が少なく、多くの企業がその才能をほしがっています。「ハーバード・ビジネス・レビュー」誌は、データサイエンティストを「21世紀で最もセクシーな職業」と呼びましたし1.、米「フォーチュン」誌による「実際のキャリアパスと給与に関する大学専攻科目ガイドブック」によると、全58学科のうち、コンピュー

1. 「ハーバード・ビジネス・レビュー」2012年10月号

タ・システム工学を学んだ学生の平均大卒初任給は、医学部に次いで第2位の8万5000ドル（約850万円）にまで上がってきています（図表6－1）。今は極端な売り手市場にあると言えるでしょう。

実際の給与レベルについては、アメリカのH－1Bビザ（外国人がアメリカで就労するための特殊技術や知識を持つ専門職に従事する外国人を対象とした専門職者ビザ）のデータが参考になります。企業や役職ごとに、給与が公開されているためです。データサイエンティストそのものの職種分類定義はありませんが、大体の年間給与レンジは10万～15万ドル／年といったところです（図表6－2）。日本でも名前を聞くようになったオンライン動画サービスのネットフリックスでは20万ドルを超えていました。ネットフリックスは、こうした職種について2016年だけでも178人もの労働ビザを申請しています。

このような状況を見れば、データサイエンティスト＝天才的な才能の持ち主、と思う人が多くても不思議はありません。

メディアでのデータサイエンティストの取り上げ方は、こうした世間のイメージを象徴的に表しています。たとえばアメリカのTVドラマ「ナンバーズ 天才数学者の事件ファイル」では、兄のFBI捜査官・弟の天才数学者

図表6-1　**アメリカにおける大学専攻科目による平均初任給**

1	医学進学課程	100,000ドル
2	コンピュータ・システム工学	85,000ドル
3	薬学	84,000ドル
4	化学工学	80,000ドル
5	電気電子工学	75,000ドル
6	機械工学	75,000ドル
7	航空宇宙工学	74,000ドル
8	コンピュータ科学	73,000ドル
9	生産工学	73,000ドル
10	物理・天文学	72,200ドル
11	土木工学	70,000ドル
12	電気電子工学技術	66,000ドル
13	経済学	63,300ドル
14	財務管理	63,000ドル
15	機械工学技術	63,000ドル

出所：米「フォーチュン」誌

コンビが、数学を用いて犯罪を予知したり、難事件を解決したりの活躍を描いています。

この数学者は、どうやったら課題が解決できるか、使用できるデータは何か、どういうモデルでデータを処理させるか、プログラムをどう書くか、捜査チームを動かすには……など、前章で触れたA：Aim（目的）からE：Execution（実行）まで全てをパーフェクトにこなします。多かれ少なかれ、世間で思われているデータサイエンティストはこうした超人を想像させます。

優秀なデータサイエンティストは身近にいない、という思考停止

データサイエンティストを巡る労働市場がそれだけ極端な状態にあり、天才というイメージがあるからか、組織論の話になると話がストップするケースがよくあります。

「会社でデータ活用をもっと進めたいけれど、人材がボトルネックだ」

「単なるデータ専門家・データサイエンティスト博士が来ても社内で浮いてしまう。ある程度ビジネス感覚があってＩＴもできて、かつ、その２

図表6-2　**企業ごとのコンピュータサイエンス職種の給与の中央値**

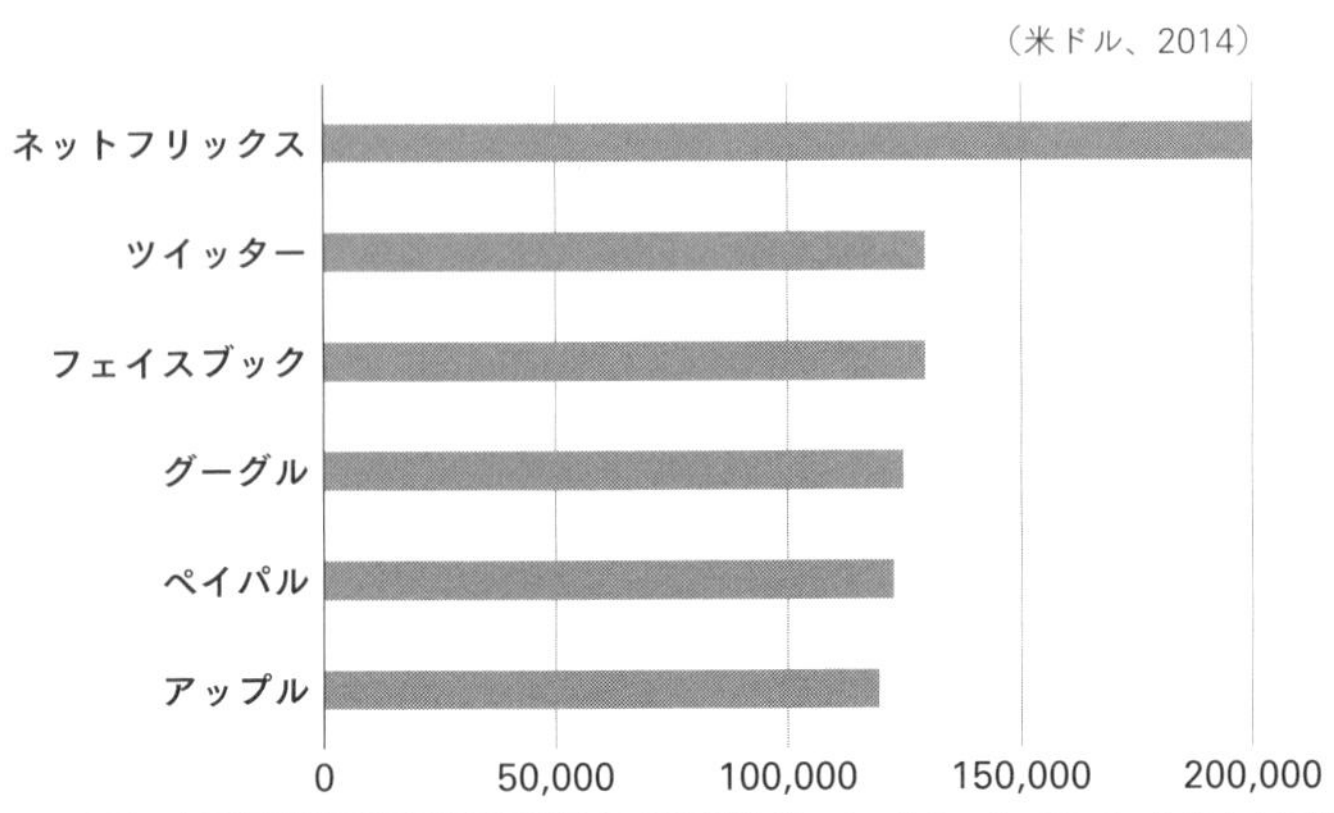

出所：米国連邦労働省雇用訓練局外国人雇用証明室（Foreign Labor Certification）をもとに筆者加工

つを橋渡ししてデータ活用をリードしてくれる人を求めている」
「そんな人材の中途採用を積極的に進めていきたい」
「でも、そんな人はどこにいるんだ……？」

多少の脚色もしていますが、意外に皆さんの周りでもよく聞く、もっともらしい会話ではないでしょうか。確かに、データ活用を進めるうえで、人材がボトルネックという点はある程度正しいでしょう。しかし、企業活動において人材がボトルネックにならないものはあるでしょうか？また、採用できないうちはデータ活用の取り組みを進めようがない、というのは大きな誤解です。次の節から、世間の思い込みとは異なる考え方を紹介していきたいと思います。

団体競技として取り組め

まず、理解していただきたいことは「企業におけるデータ活用はチームスポーツであって、個人競技ではない」という点です。第2章から第4章で記載した成功事例や、ABCDEフレームワークの内容を思い返してください。今までなかったものを作るための取り組みの裏には、目に見えない多くの準備が必要です。

次はそのうちの一部を書きだしたものです。1項目をとっても、1人で実現するのは困難です。

これだけの仕事を1人で解決するスーパー人材は、現実的にはほとんど存在しません。

- 自社が置かれている環境の理解
- 何が顧客から評価されるかという付加価値への着想
- 実証のための社内説得と人的・経済的リソースの調達
- 法務・コンプライアンス要件の洗い出しと対策オプション出し、評価
- 顧客への参加メリット設計と実際の参加呼びかけ交渉
- データ取得のための技術選択と導入
- データの標準化とデータベースの整備
- アルゴリズム選択
- モデルのシステム化、コーディング
- パイロットテストのモニタリングと軌道修正
- 結果評価と全国展開のためのリソース調達
- 保守体制の構築、チームのトレーニング
- 実行部隊への説明と合意形成

百歩譲って、ビジネスセンスも抜群で、プログラミングスキル・統計スキルにも長けていて、組織を作るリーダーシップもあって、という映画のヒーローのようなスーパースキルの持ち主が

いたとしましょう。

それでも、これだけのボリュームのある業務を1人でこなす時間の捻出は困難です。たとえ全ての条件を兼ね揃えたスーパーマンが不眠不休で働いてくれるとしても、そのような人材であれば、それこそ世界中の名だたる企業から引く手あまたでしょう。自身での起業も簡単でしょう。スーパーマンがあまたある魅力的な企業群から自社を選んで入社し、居続けてくれるなど現実的ではありません。

それよりも、段取りや主要な意思決定を全て明文化して共有し、的確な役割分担を理解し、有機的な連携がとれるチームを作るほうが余程現実的ですし、再現・スケールが可能なアプローチです。

ここまでの極端なケースを考えなくても、やはり多くのスキルを備えていることを望みすぎている採用担当者は多くいます。そんな担当者に限って、「よい人材が採用できない」と嘆いています。データサイエンティスト採用における「候補者に望むスキル種類の多様さ」と「実際の採用可能性」は反比例しているのです。

組織でデータを活用するために不可欠な3つの役割

映画のヒーローのようなデータサイエンティストを期待するのは止めましょう。その代わり、**1人あたりに期待する職能を細分化し、メンバーの共通言語を揃えることで、全体が1つのチームになって有機的に機能することを志向すべきだ、**というのが筆者の考え方です。

データサイエンティストに期待する職能については、すでにたくさんの文献があります。たとえば、機械学習についての多くの著作を持つドルー・コンウェイは、真に有能なデータサイエンティストであるためには、エンジニアリング能力、統計数理上の知識、対象とする実務上の経験の3つが必要であると主張しました。これら3つの関連領域を示した、能力のベン図を目にされた方もいるかもしれません（図表6－3）。

このベン図の全ての能力を持つ「真のデータサイエンティスト」メンバーの採用は絶望的に困難です。このような人材は、常に自分の力を磨く場所に身をおいてきたために、今の実力があるのです。入社を求めるならば、グーグルやフェイスブックよりも自社のほうがあなたの力を磨けますよと説得する必要があります。

データサイエンスに実務で関わる数百人の技術、キャリア、経験に関するアンケートとインタビューを取りまとめた『Analyzing the Analyzers』にもデータサイエンティストに期待する能力がよくまとめられています。同書では、数百人の実務家に関する調査データから、「ビジネス知見」「機械学習／ビッグデータ処理」「数学／オペレーションリサーチ」「プログラミング」「統計」にどの程度精通しているかに基づき、データサイエンティストを4つのサブグループに分類しています（図表6－4）。

図表6-3　**データサイエンティストの3条件？**

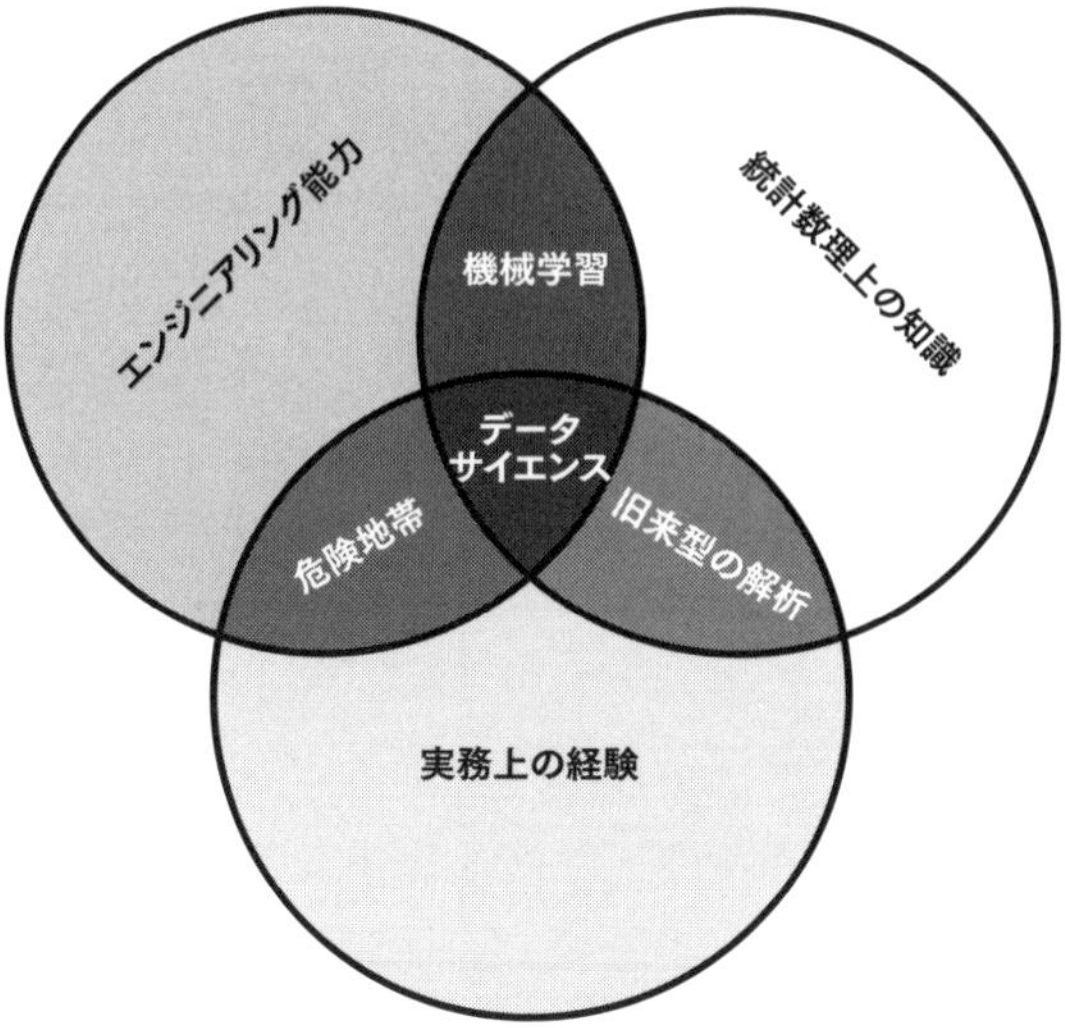

ドルー・コンウェイは、真のデータサイエンティストになるには、1.エンジニアリング能力、2.統計数理上の十分な知識、3.実務上の経験　の3条件がそろう必要があると提唱した。どれか1つが欠けても、「旧来型の解析しかできない」「適切な数理統計上の手続きを踏めない」「単に機械学習のコーディングができるだけ」など、不完全なパフォーマンスしか発揮できないためである。

出所：The Data Science Venn Diagram　http://www.dataists.com/2010/09/the-data-science-venn-diagram/

１つ目の「データサイエンティストかくあるべし」という理想論的データサイエンティスト像の描写は、データサイエンティストが自己研鑽のために参照にするには有意義ですが、採用担当者には手にあまるものです。

それに比べて、「データサイエンティストといってもタイプはさまざま」とする２つ目の考え方のほうが、採用やトレーニング、チーム構成を考えるうえでは現実的です。全ての人材にビジネス経験も、機械学習・ビッグデータ理解も、プログラミングも……などと、全ての能力を期待しなくてよくなるからです。

では具体的には、どのような能力領域があると捉えればよいのでしょう。これまで紹介してきたような能力分解は、スキルセットについて細かい議論をするときには役に立ちますが、ひとまずデータサイエンスチーム構成の肝だけ押さえたいのであれば、

図表6-4　『Analyzing the Analyzers』は、データサイエンティストの類型を4タイプに分類

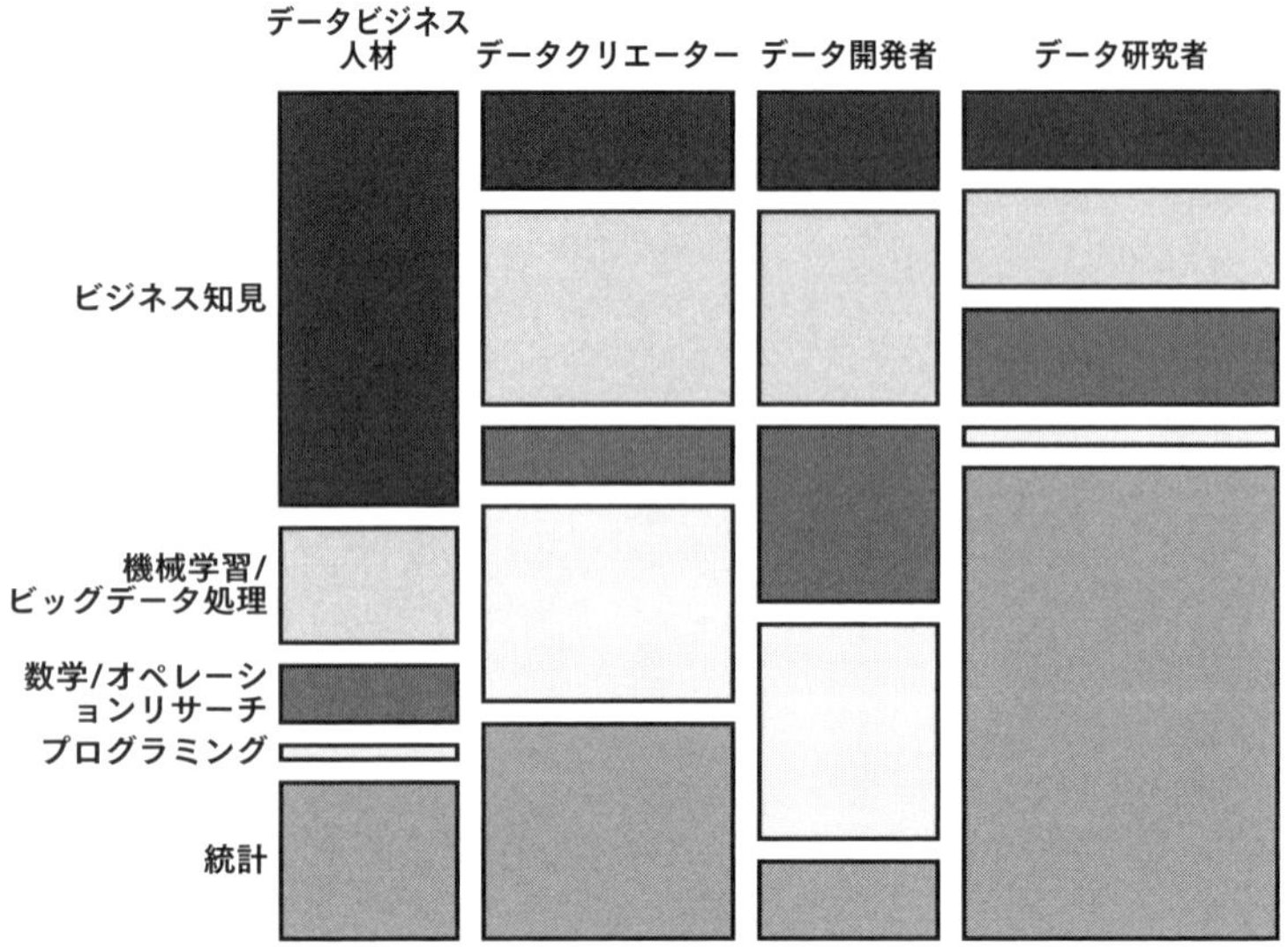

縦軸は必要なスキル（ビジネス知見、機械学習/ビッグデータ処理、数学/オペレーションリサーチ、プログラミング、統計）・横軸はスキル割合によるタイプ名（データビジネス人材、データクリエーター、データ開発者、データ研究者）をあてている。

出所：Analyzing The Analyzers
http://cdn.oreillystatic.com/oreilly/radarreport/0636920029014/Analyzing_the_Analyzers.pdf
をもとに筆者加工

図表6－5のようなざっくりとした分類で理解しておいたほうがよいでしょう。

これらは先に紹介した掛け合いのメンバー、

・ビジネスサイドの分析リーダー（＝データGM）

・データサイエンティスト（前述したヒーロー的な意味ではないことに注意）

・データエンジニア

として登場していますね。

ここまで読んでくれれば、機械脳の構築プロセスには、言葉を揃えて議論できるこの三者がいればよいことを理解できているのではないでしょうか。

ただし、強みは1人に1つというわけではありません。たとえば、数理系の修士を取得してコーディングの腕もある人材ならば、◎「サイエンス」―◎「システム」の両方が強いこともあり得ますし、もともとSEとして活躍していた人が転職してビジネス側での経験も長くなれば、○「ビジネス」―◎「システム」の人材になり得ます。

採用、トレーニング、アサインメントの観点でいえば、ビジネス・サイエ

図表6-5　**データサイエンスのヒーローを求めるのでなく、チームでアプローチする**

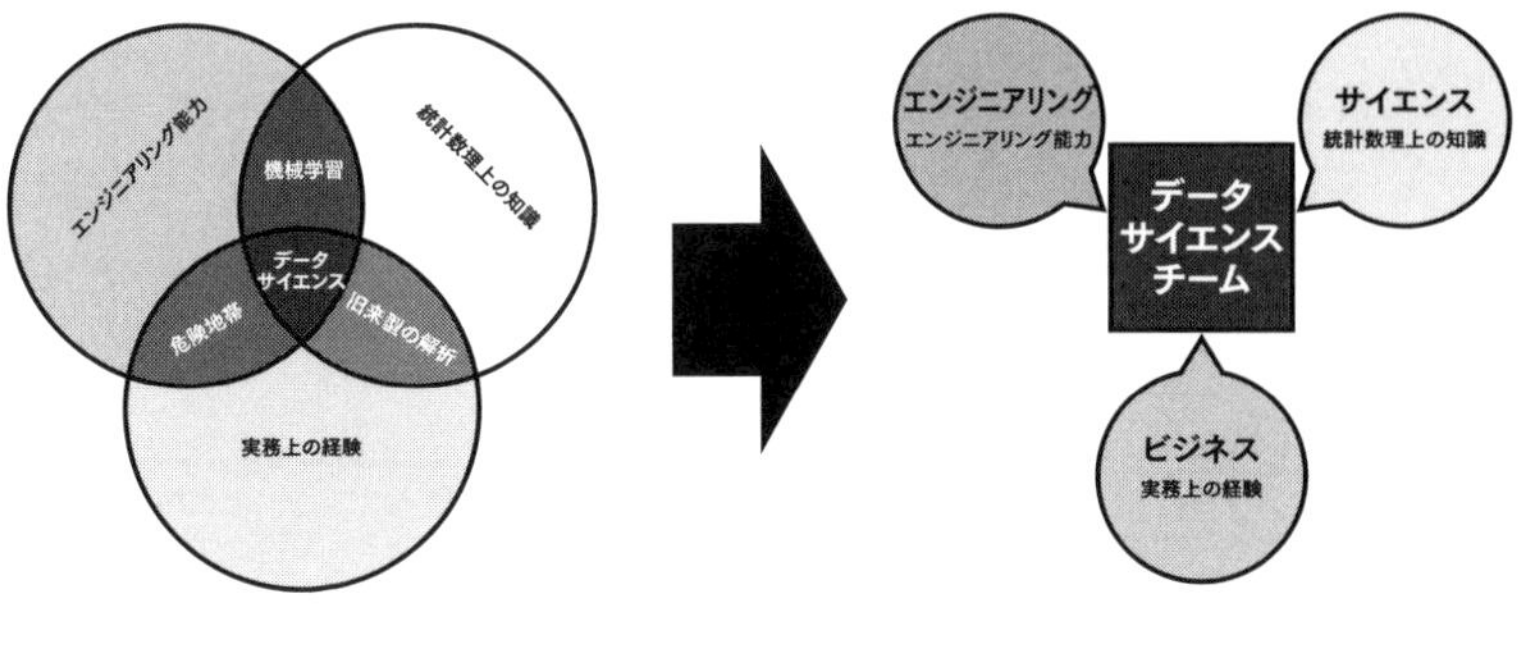

ンス・システム（コーディングやサーバーも含めたもの）のバランスをチームとしてどのように補完するかを考えると、「データサイエンスチームの立ち上げと活躍」という一見困難なミッションであっても、取り組みの手がかりが得やすくなります。

では、それぞれの領域に強みを持った人材はどういう特徴があるのか、もっと踏み込んで言えば、どうすれば採用できるのかを見てみましょう。もちろん例外も多くありますが、人物像のイメージを作るうえで参考にしてください。

① データGM（データジェネラルマネージャー）人材

図表6-6　データGM人材

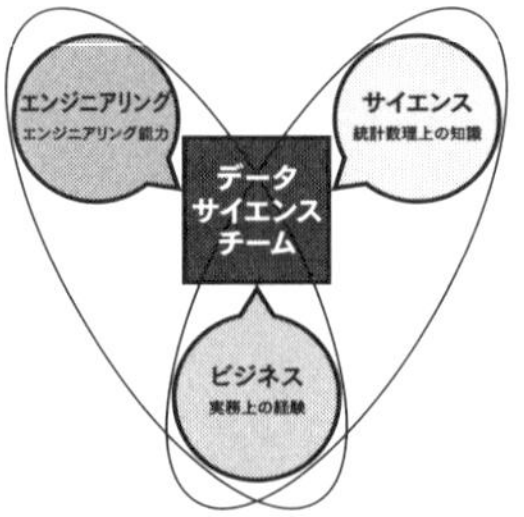

製品やサービスの顧客獲得や利益率の改善といったビジネス上のミッションに焦点を当てながら、サイエンス人材・システム人材と密にコミュニケーションを取り、プロジェクト全体を取り仕切る人材です。営業部やマーケティング部、場合によっては会社の経営陣と最も密にコミュニケーションを取るハブになります。

理系学部卒・院卒でMBAを保有、もしくはコンサルティング・ファームに在籍経験あり。あるいは、もともとエンジニアやプログラマーであったものの、顧客と直接接点のある営業職や企画職などのビジネスサイドで5年以上の経験がある、などの経歴の持ち主です。

こうした人材の採用と活躍の鍵は、経営陣のコミットメントです。データGM人材はMBAやコンサルティング、顧客接点の多い業務を通じて複数の企業を比較して見る機会が多くあります。また、データプロジェクトへの取り組みが、単なる流行語に踊らされた形だけのものかどうかを看破する嗅覚もあります。データプロジェクトについて、経営陣が単なるIT部門の課題だと思っている企業（＝トップマネジメント課題だと理解していない企業）に優秀なデータGM人材が来ることはありません。

データプロジェクトを複数リードしていれば、それがいかに今後の競争環境の中で重要か、そしてそれを既存組織の中で実現するのが難しいか骨身に染みてわかっています。こうした人材は、特に勉強熱心であるほど業界横断の勉強会などでのネットワークがあり、日常的に「うちは古い企業なので、まず社内説得が大変」「こっちは説得以前にリテラシー教育が必要」「前例のない取り組みなので、費用対効果の厳密さを求められて困る。予想は平気で数倍ブレるのに」などの苦労談に触れています。

優秀なデータGMの採用は、トップレベルのコミットなくしてはあり得ません。

② データサイエンティスト人材

統計や機械学習についての科学的な考え方・ツールの適用における理論的側面をリードする人材です（繰り返しになりますが、ヒーロー的な万能の人材の意味ではないことに注意してください）。

大学・大学院で統計を多用する領域の学位を取得しており、科学領域の研究機関での専門職を経験している、ビッグデータを日常業務で扱っていた時期がある、などの経歴の持ち主です。

図表6-7　データサイエンティスト人材

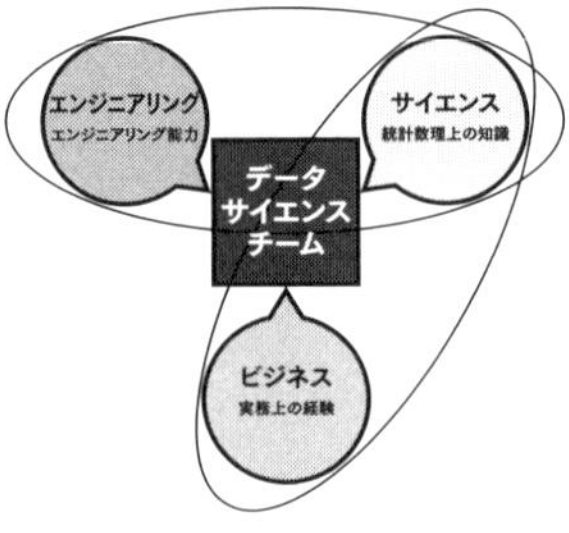

なお、一般的な就職活動特集などで言及される「データサイエンティスト」人材像は、単に統計学を使った集計やレポーティングといったスキルセットに限定されていたり、ＨａｄｏｏｐやＭａｈｏｕｔなどの特定ツールの利用スキルがあっても基礎となる仮説検証思考や数理モデルの理解がすっぽりと抜けていたりするなど、ばらつきが多くあります。

ここでのデータサイエンティスト人材は、あくまでも科学的な考え方や最適化のための理論的妥当性を担保するメンバーを指し、プログラミング技術を知っていることは必要ですが、必ずしも実際のコーディング作業やシステム実装を担いません。

日本には統計だけを専門に学ぶ学科がまだないため、統計学は医学・薬学・数学や、農学、経済学、工学などそれぞれの分野でのデータを統計解析する研究室で学ぶのが一般的です。ただ、アカデミアで学んだ統計解析スキルがそのままビジネスで活きるわけではありません。手法自体は似通っていたとしても、学問的な正確さやデータ検証の厳密性にこだわる姿勢が、ビジネス上の意思決定にはマイナスの影響を与えることもあります。

また、統計学の基礎となる仮説検定の考え方（帰無仮説を利用する有意検定）が、ビジネス文脈で必ず有効であるわけでもありません。検証の正確性よりも、意思決定の迅速性が大切なケースのほうが体感的には多くあります。検証が学問的にどれほど正確であるかという拘《こだ》りを抜け、意思決定するために必要十分な情報はどうすれば入手できるかを考えられるようなマインドセットが大切です。採用時にはそういった思考の柔軟性を見るべきでしょう。

③ データエンジニア人材

実際のコーディング業務・システム実装業務を取り仕切り、ビジネス上の要件・数理モデル上の要件を、現実のプログラムやサーバーに結実させる責任者です。自分自身がコーディング作業をすることもありますが、大規模プロジェクトの場合はコーディングチーム全体の采配をとります。

データエンジニア人材は、ＳＥやプログラマー、データベースなどのインフラエンジニアの業

図表6-8　データエンジニア人材

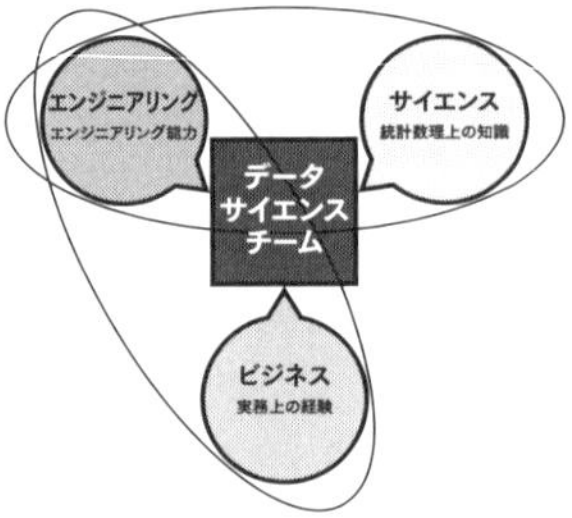

務経験を持つケースが多いです。現役でプログラマーやSE、システム側のプロジェクトリーダーなどの立場を持っていることも少なくありません。プログラミングの能力やサーバー構成などの詳しい知識は必須です。

データGM人材がデータプロジェクトの収益性への意味合いを論じたり、データサイエンティスト人材が数理モデルを論じたりするのと同じように、データエンジニア人材はプログラミング作業・実装の全体像と作業段取り、エンジニアの取りまとめ、データマスタの構造、システム権限、ネットワークやサーバー構成の選択肢と長短を論じ、チーム全体の目標を具現化させるキーパーソンである必要があります。

仕様が完全に決まってから、その通りにプロジェクトが進行されることは稀です。そのため、保守性やセキュリティ性能に合わせて、拡張性にも常に気を配る必要があります。そこで、どのようなデータが今後求められそうか、どのような拡張が将来ありそうか、先回りして手を打つ先見性が必要です。想像力が求められるのは当然ですが、より根本的には、業務理解とデータ定義についての誰よりも詳しい知識が必要です。

売上が立った日の例では「売上日付」という単純なはずのデータのバリエーションが多くあることを先に述べました（図表5－7）。どれだけデータエンジニアリングのパッケージソフトの仕様書や書籍を読んでも、こうしたバリエーションは書いてありません。

業務そのものに興味と関心を持ち、ヒアリングした内容を常に反映しながら。こうした業務知識をアップデートする。それが、データエンジニアにとって決定的に大切な職務です。

データを扱う人材を育てるには

採用に加えて、人材育成について軽く触れたいと思います。データサイエンスは芸術や魔法ではなく、論理的に組み立てられた科学的プロセスの集まりです。生まれ持っての才能がなければ扱えないものではなく、一定のトレーニングを積むことでほとんどの人が扱い方を会得できます。ところが、どの業界でも通用する営業マンを輩出するような育成力に定評のある企業でも、多くの企業の幹部を輩出しているコンサルティング会社でも、データ人材は育てられない、という例を多く見てきました。

なぜ多くの会社でデータを扱える人材が育っていないのか？　優秀な営業マンや企業経営者の育成に比べて、データ人材の育成は本質的に難解なものなのでしょうか？

筆者の意見は、データ人材の育成が本質的に難しいからではなく、新しい領域であるためにほとんどの企業に育成ノウハウがまだ存在しないから、というものです。どんな企業も営業マンの育成や経営者の育成がはじめから上手だったわけではなく、さまざまな試行錯誤を通して人材育成の仕組みを作ってきたのです。

データ人材の育成は、何も特殊な仕組みが必要なわけではありません。以下では一般的な育成ステップに簡単に触れたいと思います。人材として育成される側ではなく、育成する側の視点を眺めるつもりで気軽に読んでください。

成長ポテンシャルと成長意欲のある人材の選定

まず、データ人材（データGM人材、データサイエンティスト人材、データエンジニア人材）のいずれかに将来なりうる原石を探します。それぞれの人材の典型例は先ほど説明した通りです。典型例とそっくりそのまま一緒でなくても、ある程度の類似性があることを手がかりに探しましょう。ある程度の規模の企業であれば、典型例に多かれ少なかれ近い人材がいるはずです。

会社の規模が小さくて、まったくそうした人材がいない場合もあるでしょう。そうした場合には採用からスタートするか、そもそも自前の人材として社内に雇用することが本当に費用対効果に見合うのか見直してもよいでしょう。企業規模が大きくなったとしても、外部人材を都度活用することはプロジェクトに固有の専門性を高スピードで確保できたり、業界でトップ水準のノウハウを短期間で社員が学べたりするなど多くのメリットがあり、一考に値します。

本人に告知もせず、ただチームリーダーが「データ人材として育成する」と思っているだけでは進展はありません。抜擢にせよ新規採用にせよ「いつまでに」「こういうスキルを身につけてほしい」「こんなプロジェクトを任せたい」「将来はこうしたポジションの可能性がある」など、具体的に期待値を示す必要があります。

成長期待値を示す

経営側もデータリテラシーを身につける

すでに解説した通り、データを扱うことができる人材はまだまだ不足していて、人材側の売り手市場です。熱心な人ほど、他の企業の取り組みから学ぼうとしていろいろな企業と触れる機会も多くなります。経営側・育成する側がデータビジネスへの理解が乏しかったり、新しい取り組みのたびに毎回、社内説得以前の社内レクチャーなどで苦労させたりするようだと、早晩優秀なデータ人材は去っていきます。

育成される側だけでなく、育成する側がその分野の知識を持つことでより適切なサポートができるようになるというのは、どの職能領域でも多かれ少なかれあることです。データ分野だけ、育成する側のリテラシーが乏しくてよいわけはないのです。

学習機会・試行錯誤の機会を与える

最先端のデータ人材を育てるノウハウが社内にあることは稀です。そもそもデータサイエンスはオンラインコミュニティが多々あり、ハードウェアの進化、処理アルゴリズムの進化、コードライブラリの共有など、大げさではなく世界中の才能が協力しながら進化させている技術体系です。データ人材として一流にしたければ、社外との交流を最大限促すことが必須です。

データ人材の交流のコミュニティは各地にあります。たとえば東京であれば次のようなコミュニティがあります。

「丸の内アナリティクス」……データGM人材向け
「JapanR」「数学カフェ」……データサイエンティスト人材向け
「TokyoWebmining」……データエンジニア人材向け

「社外研修への参加や書籍の購入は自由にできるが、結局プロジェクトは進めさせてもらえない」という声も聞きます。営業マンの研修が座学で完結しないのと同様、データ人材の育成でも情報交流に加えて、実ビジネスでの試行錯誤の経験が必要です。データ人材を育成したいのであれば、知識のインプットだけではなくアウトプット、つまり獲得した知識を実際に使ってみる機会の設定が不可欠です。

余裕があれば、試行錯誤のチャンスの与え方にも配慮しましょう。初期は比較的難易度が低く、目に見える結果がわかりやすく成功体験をつみやすいものがベターです。徐々にスキルレベルが上がってくれれば、タスクの難易度を上げて、より大きなプロジェクトへとアサインメントを推移させていきます。

言ってはいけない！
コラボの墓場となるNGフレーズ集

データプロジェクトはまだ推進ノウハウが社内で確立されていないこともあり、落とし穴が多々あります。実際に多くの企業で、はじめの熱意はあるものの、結局はプロジェクトが頓挫する例を多く見てきました。その原因の多くは、コミュニケーション上でのミスにあります。

以下の節では、こんなコミュニケーションの落とし穴に落ちてはいけないという、実際に見聞きした反面教師の例をあげたいと思います。どれも、つい陥ってしまいがちなものですが、プロジェクトの渦中にいると気づきにくいものです。以下の節の例で出てきたキーフレーズを頭のどこかで覚えておき、「こんな進め方をしては失敗の可能性を高めてしまう」と我に返るきっかけとして使っていただければと思います。

データGMのNGフレーズ

「データがこれだけ集まっているのだから、何かに使えないのか?」

手段から出発して、目的を考えることもできなくはありませんし、そうした成功ストーリーが語られるのも理解できます。冴えないプロジェクトだったはずが、ふとしたきっかけで着想を得て成功を手にするストーリーは感動を呼びますし、メディアも大げさに取り上げます。

しかし実際には、目的から出発して手段となるデータを考えるほうが圧倒的に成功確率は高いのです。偶然の発見に助けられた成功はドラマのネタではあっても、ビジネスパーソンとして自分が描くべき戦略ではありません。再現可能なアプローチを目指しましょう。

【アドバイス】手持ちデータから発想を始めてしまっていますが、そもそも「解決したときに効果の大きいビジネス課題」は何なのだろう？　を考えましょう。

「（異常の兆候などを）まったく見落とさないようにできないか？」

人が見つけられない兆候をアルゴリズムを使って識別するアプローチでよく聞くキーフレーズです。第5章の実例でも触れましたが、アルゴリズムが何かの兆候をまったく見落とさなくする最も効率的なやり方は、どんなノイズにも敏感に反応して警報を鳴らすように調整することです。データサイエンティストは「まったく見落とさないようにする」だけではなく、「どの程度誤警報を発生させてよいのか？」を考えてアルゴリズムの調律をしています。データGM側から提供するべき情報は、その絶妙な調整を助けるものであるべきでしょう。こうした調律について話しあうときに使うべき単語は、第5章でもご紹介した「感度」と「特異度」です。

「感度：Sensitivity」とは、実際に発見したいもの（たとえば故障）があるときに、アルゴリズムが故障があるはずだと診断できる割合です。「特異度：Specificity」とは、本当は故障がないときに、故障はないと診断できる割合です。ほとんどの場合、感度を上げると特異度は下がり、特異度を上げると感度は下がります。

【アドバイス】今のアルゴリズムの「特異度」と「感度」はどうだろうか？　それを、どう調律することを目的と設定するべきだろうか？　と考えましょう。

「一発でデータクリーニングが終わるものがほしい」

データクリーニングプロセスについて興味を持つくらい、データを詳しく見ているメンバーのコメントです。データをクリーニングしなければそもそも使えないという点を理解した状態のときに発せられるキーフレーズですが、残念ながらそうしたものは存在しません。データクリーニングを自動化することはもちろん可能ですが、そのためにはそのやり方を蓄積しなければいけません。

たとえば電子カルテ分析であれば、

- 血液検査結果表記中での小数点の省略を慣例的なものと判断すべきか、あるいはミスとすべきか
- 血液検査に使用する試薬の違いによる測定値のブレをどう処理するか
- 同じ「クレアチニン」という表記でも、尿中クレアチニンなのか血清中のクレアチニンなのかをどう特定するか
- 血圧の平均値をとる場合には白衣性高血圧を除外するのか

など、解析目的から逆算した多くの専門的判断が必要になります。

これは、データサイエンティスト人材や、データエンジニア人材が判断するものではなく、データを利用する顧客の利用目的や事業内容を詳しく知るデータGM人材が判断するべきものです。

データクリーニングは、誰かがよしなに処理してくれるものではないのです。

【アドバイス】全てのデータクリーニング処理を自動化させることの効率は悪いが、最低限自動処理できるルールを書き出せないか？　と考えましょう。

データサイエンティストのＮＧフレーズ

「ベイジアンが最高。頻度論は遅れている」

ベイズ統計は、従来の統計に比べて優れている点があるのは確かです。本書ではその方法論自体の巧拙を論じることはしませんが、どのような道具であろうと、他の道具に比べてオールマイティーに優れているということはない、という立場をとります。

データサイエンスを学ぶ際に、特定の方法論に興味が湧いたり、よく使っているうちにその領域でのスキルセットが高まったりすることは自然ですし、むしろそれが望ましいともいえます。ただ、データサイエンスは道具であり、道具の良し悪しは目的にかなっているかどうかで決められるべきです。モデルの解説（第５章）でも論じた通り、同じモデルであってもＡ：Accuracy（精度）、Ｉ：Interpretation（解釈容易性）、Ｃ：Coding / Construction（プログラミング作業・実装）、Ｓ：Speed（速度）に長短があります。

使い慣れた道具に頼り過ぎる人の視野狭窄を諫める言葉に「金槌しか持っていないと、全てが釘に見えてくる」"If all you have is a hammer, everything looks like a nail." というものがあります。これは心理学者のアブラハム・マズローの言葉で、マズローのハンマーとも言われます。

もう少し複雑なケースもあります。「道具ごとにそうした良し悪しがあるのはわかっている。が、データを理解していない社内メンバーに説明するには単純化して話さないと聞いてもらえない」という、言わば確信犯めいた説明です。確かに、短期的にはこうした説明でうまくいくこともあるので、一概に否定すべきとは言い切れないのですが、長期的には社内で接するステークホルダーのリテラシーが上がるほうがはるかにメリットが大きいです。

とかくデータサイエンティストは頭が良すぎて話しにくいと思われがちです。使用する道具にいくつか選択肢があり、その長短があると思うなら、データリテラシーの低いメンバーのリテラシーのレベルアップに自分が貢献できるチャンスだと捉え、どうすれば複雑な事象をわかりやすく説明できるか工夫してみましょう。

とはいえ毎回説明するのは現実的には厳しい、という反論もよくわかります。であれば、少なくともリテラシーの底上げをずっと棚上げ状態にしないよう、その改善の施策だけはセットで考えたいところです。

図表6-9　**マズローのハンマー**

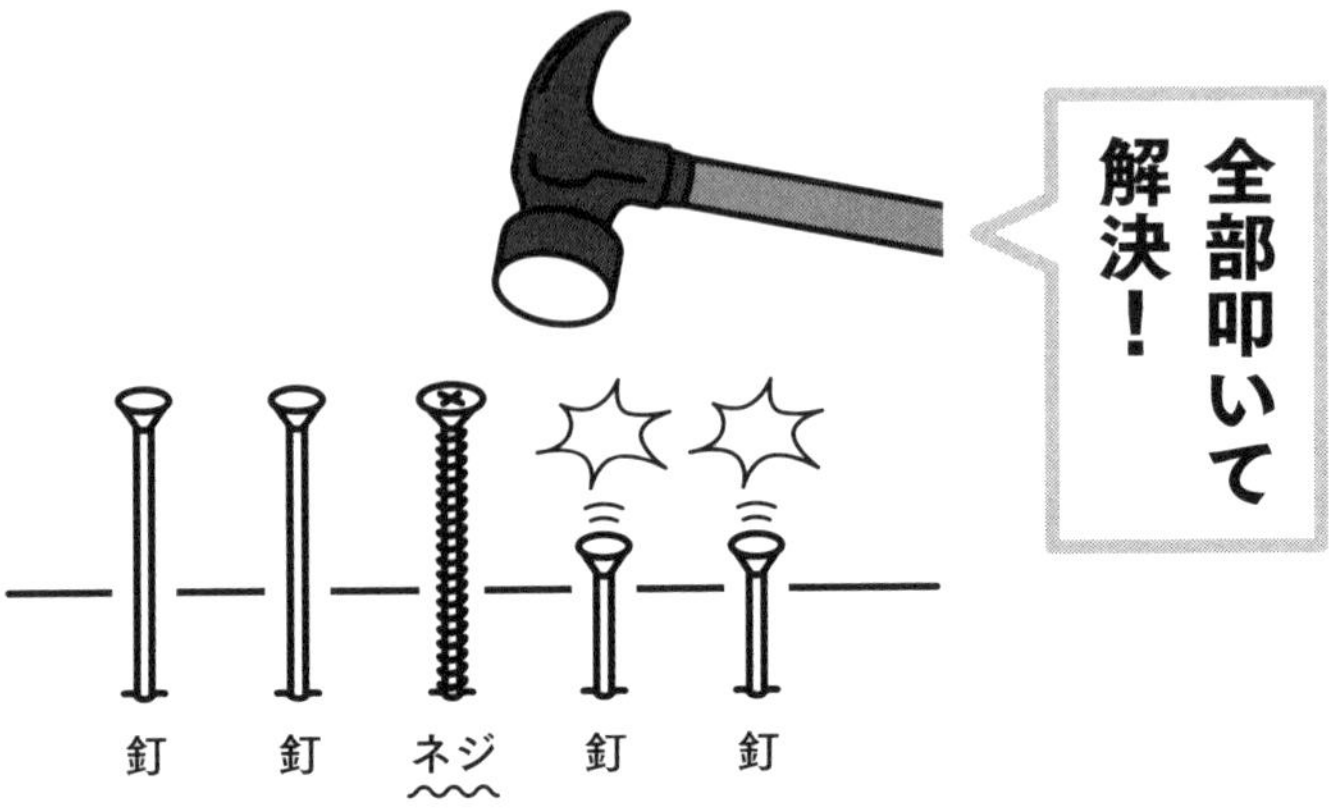

出所：http://www.artfact-online.fr/blog/blog-post/4を参考に筆者作成

【アドバイス】今回の目的に最もかなった道具はなんだろうか？　道具ごとの長短を、どうすればメンバーにわかりやすく説明できるだろうか？　説明ができないとすれば、社内でのリテラシーの底上げには何をするべきだろうか？　と考えましょう。

「分析結果の解釈を伝えても、社内のメンバーが理解できない」

こうした愚痴を聞かされることが時々あります。社内のメンバーや関係者がもとからデータサイエンスに興味津々で話を聞く気にあふれていれば、そもそももっとレベルの高いデータを活用した取り組みが実施されているのではないでしょうか。現在の取り組みレベルから、より高い水準に高めるための役割をデータチームが担っているのであり、コミュニケーションはチームスポーツであるデータプロジェクトに不可欠な要素です。

データプロジェクトに限らず、誰もが話を積極的に聞いてくれて、自ら勉強してくれるような専門領域はほとんどありません。法務も財務も税務も労務も、大体は複雑なトピックで、理解するのは面倒なものです。その領域のプロである専門家は、詳しい知識がないステークホルダーに対してわかりやすく本質を説明することで仕事を得ています。その領域の素人である相手に対して、扱っているトピックの価値や重要性を認識させることも、仕事の一部なのです。

わかりやすいコミュニケーションをおこなう力は、プロフェッショナルとしてデータサイエンティストを名乗る以上、欠くことのできないスキルです。メンバーが理解できない、理解するモチベーションがないのは、他メンバーの責任ではなく説明する側の問題と捉えましょう。

【アドバイス】これだけデータサイエンスについての不正確な情報があふれている中で、本質的な理解を持っているステークホルダーのほうがむしろレアケース。データのプロフェッショナルたらんとするならば、相手のリテラシー、理解レベルに合わせて説明して提案を通すことができるコミュニケーションスキルは必須です。

「言われた通りに検証しましたが、全然結果が出ませんでした」

ビジネス側の言った通りに作業する便利屋になってはいけません。データGMも、必ずしもデータの性質や分析手法の特性を理解して注文しているわけではありません。「本当にそのオーダーは成果を生むものなのか？」という、職業的批判精神をデータサイエンティスト人材が持つ必要があります。

データGMには、データGMにしかできない仕事が多々あります。ビジネスサイドの状況を把握してプロジェクトを進行しながら、それぞれのデータの分布まで把握するのはまず無理です。「言われた通りにやったのに……」という愚痴には、自分がチームに欠かせない職能の一翼を担っている責任感と、役割に対する理解が欠如しているように思えてなりません。「言われた通りに動くだけ」は、プロとして貢献するために必要なマインドセットの真逆にあります。

そうではなく、ビジネス上の意思決定ができるように、自分であればこう考えるがどうか？

という提案を出せるようになりましょう。そのためには、データサイエンスに加えてビジネス知識・業務内容そのものの知識が必要になります。

【アドバイス】言われたことをやるだけのデータ便利屋になってはいけません。どうすれば、ビジネス側と対等なパートナーとして建設的な議論ができるようになるだろうか？　と考えましょう。

データエンジニアのNGフレーズ

「このデータはベンダーに聞いてみます。それもベンダーに聞いてみます」

自分自身でデータ構造を把握していないとこういう答えに終始してしまい、効率的にチームに貢献できません。データサイエンティスト人材が理論上のバックボーンを担保する役割であるなら、データエンジニア人材はデータの信頼性・妥当性の要である必要があります。チームメンバーに聞かれて初めてデータソースを確認したり、定義をあわてて確認するのでは遅すぎます。チームやベンダーの誰よりもデータを普段からよく見ていなければなりません。

【アドバイス】データの定義やデータソースをメンバーやベンダーの誰よりも理解できていないのはなぜだろうか？　今後数ヶ月以内に、チームの中で自分が最もデータの特徴をマスターす

るために、自分がやるべきことはなんだろうか？　と考えましょう。

「個人情報なので出せません。そんなデータ必要なんですか？」

そもそもデータエンジニアはデータの最終的な利活用を決定できる立場にはありません。データベースやサーバー保守の必要性から、業務上データへのアクセスが許可されているだけです。それを誤解し、そのデータを使うためには自分を説得しなければいけないかのように振る舞うデータエンジニアはチームメンバーとして失格です。チームスポーツとして他の企業と競わなければならないなかで、重要なチームメンバーのリソースを本来不要な社内説得に使わせるのは避けるべきことです。優秀なデータGMやデータサイエンティストを失うことにつながるため、こうした発言を見つけた場合には一刻も早く手を打つ必要があります。

データを扱うチームの責任者が、個々人のデータまで踏み込まないとビジネス課題が解決できないと判断しているのであれば、メンバーのエンジニアがやるべきことはそうした個々人のデータを扱うようにできるようにする手続きです。そのなかで個人情報の取扱い方針に従った手続きや、より広範なコンプライアンス上の必要手続きを守る必要があるのは当然でしょう。ただ、匿名化処理をおこなったうえでも利用が阻害されるような法的必要性があるケースは稀です。個々人の病歴データが全てわかってしまう、日本でもトップクラスに取扱いに注意を要する厚生労働省ナショナルデータベースであっても、ハッシュ化と呼ばれる個々人を特定させないデータ処理をおこなうことで、データの取扱いを許可しています。本書で紹介したホンダのインターナビも、どの車が何時何分何秒にどの場所にいて、どういう加速度だったかというデータを取得しています。

【アドバイス】そもそも自分はデータの利用を決定する最終決定者ではないのですから、チームに、データを使うために自分を説得しなければいけないかのような振る舞いは今すぐ止めるべきです。データ使用許可や匿名化処理など、チームの情報ニーズをどうすれば適切な形で満たせるだろうか？　と考えましょう。

「データ抽出にお金がかかります」

データエンジニア人材であればデータベースを処理するスキルはあるはずですから、こうしたコメントをしているということは、データへの日常的なアクセス自体を確保できていないのでしょう。データエンジニアとして責務を果たしていないと責められても仕方のない状況です。

データに日常的にアクセスすることで、データの収集状況や分布、異常値にも敏感になることができますし、いざチームがアルゴリズムを組むときにもデータのエキスパートとしてより貢献することができます。

そもそもチームはデータを武器にして課題を解決しようとしているステージにいるはずです。その基本材料となるデータを見るだけで毎回費用が発生するような状況ではお話になりません。

なるべく早い時期に、社内でデータを自由に扱えるように状況を変えるべく、データGMと協力して環境整備をおこなうべきでしょう。

【アドバイス】データで課題を解決する取り組みにとりかかる以前の状態です。まずデータ本体へのアクセスができるインフラ・状態を整えるには、誰が何をするべきか？　と考えましょう。

なお、ここで書かれているようなNGフレーズをメンバーがしてしまっていることを取り上げて、そのメンバーを能力不足、無責任だと責める人がいます。苛立つ気持ちはわかりますが、その考え方は短絡的です。そうした発想には、表面に現れている症状の評価と、原因の所在特定を区別して整理するという思考プロセスが欠けています。いつでも・誰に対してでも意地悪に接する人もいるのかもしれませんが、ほとんどの場合は組織におけるインセンティブ構造設計の不備が根本原因です。どのようにすれば個人を責めなくて済むか、どうすればどのメンバーもデータ活用で課題を解決することに動機づけを持ち、足を引っ張り合うのではなく協力し合える組織にできるか、そうしたことを考えるきっかけにしましょう。

社内にいるダイヤの原石

優秀なデータサイエンティストがＴＶや雑誌で特集されるたび、「こういった人材が社内にいればな」と嘆きたくなる方もいるでしょう。また、そういった凄腕のハッカーは自分にとっては縁遠い世界の話だと諦めの気持ちを抱く方もいるでしょう。私が関わってきた企業でも、データサイエンティストの天才イメージとその労働市場の極端さから、採用がボトルネックだということで組織論の話がストップするケースがよくありました。

しかし、私が関わってきた、データを活用してインパクトを出している人材の多くは、いわゆる天才型ではなく努力型です。データに関わってインパクトが出る、出ないを弁別するのは、チームプレイヤーであることや価値を出そうということへのこだわりや、マインドセットによる面が強いという印象を持っています。

もちろん生まれながらの頭脳のスペックが飛び抜けている人もいましたが、話すだけで「凄いなぁ！」と驚かされる人たちだけが活躍する世界ではありません。「ダイヤの原石」という表現がありますが、大体の人はダイヤの原石なのです。

データ解析手法の進化やハードウェアの性能向上で、普通の人であっても大きな活躍ができるようになってきています。織田信長の鉄砲隊は確かに高い戦闘効果を発揮したかもしれませんが、鉄砲を扱った兵隊は先天的に頭脳や体力が傑出して優れていたのでしょうか？

そうではありません。鉄砲というイノベーションを取り入れた織田信長の采配と運用が優れていたのです。普通の人材であっても、データサイエンスという新しい武器を取り入れるマインドセットと、それを使いこなす技法を学べば大きく活躍できる時代だと、皆さんには理解いただきたいのです。

「優秀なデータサイエンティストがいなければ仕事が進まない」などは思考停止以外の何物でもありません。ＡＢＣＤＥフレームワークを使って、現実を変える工夫を考えましょう。

データサイエンスを知らなかった人は、これからどうすれば活躍できるか？

最後に、これまでデータサイエンスに関わってこなかった人材が、今後どのようにすればよいのかまとめたいと思います。

まず自分自身のものの見方を疑う

時代の変化の渦中にある人が、その変化の全容を知ることは簡単なことではありません。頭ではわかっていても、実感値として主観形成することは困難でしょう。ただ、現時点で入手できる情報から判断するに、機械脳の時代の到来はさまざまな領域での証拠によって示されており、新たな時代に適応した考え方がどうしても必要です。

「人がいるほうが安心できる」「システム任せにすると結局はしっぺ返しをくらう」「最終的には専門家に頼れる」などの考えが妥当だった時代に、私達の職業的な価値観は形成されてきました。ここでは個別の考えの検証はしませんが、そうした今までの考えが立脚していた前提の多くが変わってきていることは理解してください。

データGMの必須教養

自分が置かれた環境でうまく活動するために、なくてはならない基礎があります。海外で働くのであればその国の言語でしょうし、多くのオフィスではインターネットを使った業務が必須でしょう。昔はそれが読み・書き・そろばんと言われていました。その意味で、データサイエンスがこれからの必須のスキルです。特に、ホワイトカラーとして今後数十年働く時間が残っている皆さんにとっては、その意味合いがより強くなります。

研修などで「自分はそれほどデータに詳しくないんだけれど、どうすればいいでしょうか？」という質問を受けることがあります。端的な答えは、「それなら学びましょう」です。環境が変わったのですから、そのなかでうまく振る舞うためのスキルセットは変わっています。「データサイエンスは多少見聞きしているけれど、使えない」というのは、インターネットというものの存在は知っているものの、検索もメールもできない。それでも雇ってもらえるだろうか？　と問うているようなものです。

本書で時代の変化や、マインドセットの変化について自己啓発的な文章を重ねているのは、こうした質問があるためです。時代の変化やスキルセットへの変化要請を理解しているつもりでも、それを自分事として捉えて、新時代の必須教養へ投資をおこなうまでの主観形成はやはり容易ではありません。「鉄砲はよく知らない。今後も弓矢でどうにかならないか」ではなく、「どうやら鉄砲を取り入れないと死んでしまう。どうすればうまく取り入れられるか」という発想を持っていただくことを切に望んでいます。私が本書を書いているのは、一人でも多くの人の発想の転換と、新たな時代への適応を助けたいからです。

1つ、機械脳の開発の前段階として、そもそもシステム開発はどういったものであるかを知るための教養書として『人月《にんげつ》の神話』（フレデリック・P・ブルックスJr. 丸善出版）をお勧めしたいと思います。システム開発の際の予算算定には「人月」という、エンジニア1人あたりが1ヶ月働く労力の何人月分かという計算が必須です。システム開発の遅れを取り戻すために大量のマンパワーを投下するのがなぜ誤りなのか、本書が明確に述べています。

データサイエンティストの必須教養

データサイエンティストとして活動している以上、統計やデータサイエンス自体についての学びは常におこなっているものと思います。参考までに図表6−10に、継続的な学習のためのレファランスを記載しておきました。こうした情報源をもとに継続的に知識をアップデートしていくことは漁師が漁船を常

図表6-10　**データサイエンスの手法自体についての継続的な学習レファランス**

ウェブサイト	・Kaggle kaggle.com	・全て英語だが、分析の勉強のためのオープンデータや、クラウド上でモデルを実行してフィードバックを得られる環境が整っている他、技術的なQ&Aのコミュニティも充実している。
	・hamadakoichi blog d.hatena.ne.jp/hamadakoichi/	・データマイニング +Web 勉強会 @ 東京（#TokyoWebmining）の活動記録が充実している。データマイニングの手法によってさまざまなデータ分析にトライするコミュニティ。
	・あらびき日記 abicky.net	・『R 言語上級ハンドブック』（シーアンドアール研究所）の共著者でもある荒引健氏によるブログ。R以外にも広範な話題を扱っている。
	・六本木で働くデータサイエンティストのブログ tjo.hatenablog.com	・機械学習についてのさまざまなツールを紹介している。 加えて、アカデミアから企業（サイバーエージェント→リクルート→グーグル）へ立場を変えてきた本人の実体験も含めたエントリがあり、本人の率直な悩みも含めて読み応えがある。
書籍	・データサイエンティスト養成読本	・佐藤 洋行 他.（2016）. 技術評論社 −統計・機械学習などデータサイエンティストに必要な知識をコンパクトに一通り網羅している。最新版がおすすめ。
	・データ解析のための統計モデリング入門	・久保 拓弥.（2012）. 岩波書店 −理解するには統計学の初歩的な知識が必要だが、実務的な統計学の知識を説明している。
	・はじめてのパターン認識	・平井 有三.（2012）. 森北出版 −本書も統計学の知識がないと読みにくいが、機械学習の入門書として様々な手法を紹介している。
	・パターン認識と機械学習 上 / 下	・C.M. ビショップ.（2012）. 丸善出版 −読み解くのにかなり根気が必要だが、確率統計からはじまり高度な手法まで詳述している。
オンラインスクール	・Coursera coursera.org	・全て英語だが、オンライン動画で機械学習について学べる。毎週課題やレポートがあり、オンラインで提出する。修了すれば成績証明や修了証も発行してもらえる。
	・Data Camp datacamp.com	・Coursera 同様全て英語だが、トピックごとに非常に広範なコースが用意されている。

にメンテナンスするようなもので、職業上の貢献に必要な準備です。

しかしこれは必須の「知識」に過ぎません。本章でお伝えしたいのは、データサイエンス上の計算手法そのものよりも、それをどのように使っていくか、チームの中でどのように振る舞っていくか、自分が提供する価値といった考え方やマインドセットです。

そういった文脈でご紹介したいのは、大阪ガス株式会社情報通信部ビジネスアナリシスセンター所長の河本薫氏による『会社を変える分析の力』です。とりわけ、第4章の「分析プロフェッショナルへの道」では、単に計算の便利屋になってしまわず、分析のプロフェッショナルとして価値を出すためのマインドセットに詳しく触れています。

データエンジニアの必須教養

チームで機械脳プロジェクトを推進する際、エンジニアとしての必須教養は大まかに言ってサーバーやクラウドといったインフラ環境の知識、データベース、言語の3つです。インフラ知識についてはデータエンジニアでなくても、エンジニアとして活動していれば日々触れているはずですが、残りの2つについてはデータサイエンスプロジェクト特有のものが多く、知識として最低限知っていないとどうにもならない、といった種類のものが多くあります。

データベースについては、新たにデータベースを構築する方法、既存のデータベースをより分析に適した方法に変更すること、データクリーニングを適切におこない、分析結果が妥当なものになるよう目を光らせていくことなど、どれも基本スキルです。

データの抽出・加工・出力作業をまとめてＥＴＬ（Extract・Transform・Load）と呼びますが、ＥＴＬ作業にはＰｅｎｔａｈｏやＴａｌｅｎｄといった専門ツールがあり、こうした基本ソフトは一度は触ってみて概要を理解しておきましょう。ＳＡＳというデータ分析専門ソフトをＥＴＬツールとして導入している企業も多くありますが、ツールが異なっても実装されている機能は大体似通っているので、基本ソフトを触っておけば問題ありません。

さて、３つ目の言語ですが、データベースを触るためのＳＱＬは当然として、データ加工や解析処理によく使われる言語はＲ、Ｐｙｔｈｏｎ、Ｆｏｒｔｒａｎなどですので、これらは理解しておく必要があるでしょう。データサイエンティスト人材はＲとＰｙｔｈｏｎを使っていることが多いので、プロダクトを作れる高水準にはないにしても、自分で書けるレベルにあればデータサイエンティストとコード単位でコミュニケーションが成り立つので、やりとりが非常にスムーズです。バグを自分で潰すことができるだけでも、随分やりとり工数の削減になります。

もしスキルに自信がなければ、データ分析をテーマにしたハッカソンなどもよく開催されているので、そうした場を訪れて実際の分析を経験してみるのがよいでしょう。さらにそのハッカソンに行く自信がない方は、まず書籍を片手にコードを書いてみることをお勧めします。Ｒ言語での例とともに基礎的な知識を学ぶ書籍としては、次の２冊を推薦します。

『初めてのパターン認識』平井有三（森北出版）……機械学習関連
『データ解析のための統計モデリング入門』久保拓弥（岩波書店）……統計学関連

チームワークとプロトコルを身につける

機械脳のプロジェクトは個人技ではなく極めて綿密な連携が要求されるチームスポーツです。これは、ＡＢＣＤＥフレームワークで説明した通り、実現しようとしているものの複雑さや、機械脳を機能させるための組織への実装の大変さに由来するもので、データ技術やハード性能が進化してもこの性質は変わりません。

チームスポーツのアナロジーはさまざまな観点で有効です。チーム全体が「データＧＭ」「データサイエンティスト」「データエンジニア」の３役の観点からどういう戦力分布になっているかを把握することもとりわけ重要です。また、そのチームを応援するスポンサーや応援団を社内でいかに増やしていくか、そのための社内マーケティングはどうあるべきかといった発想を持ちましょう。

おわりに

機械脳の時代に普通の人はどう生きるべきか

人の仕事と機械の仕事の境界線は常に揺らいでいる

本書は、データサイエンスのことをもっと学びたい、表面ではなくきちっとした原理原則を理解したい、先進実例を知って自分でも応用してみたい、というニーズを持っている方のために書きました。昨今のビッグデータブームで、データサイエンスやその周辺について書かれている書籍は多々ありますが、センセーショナルな事例や経済的成功を羅列するだけであったり、統計技術については詳述しているものの、ビジネスへの意味合いが乏しかったりと、事例から作り方までをバランスよく扱ったものが少なかったように思います。本書は、その両者をバランスよくつなげて記述することで、データサイエンスをビジネスで使う必要のある担当者やマネージャー、経営幹部など、しっかりと本質を学んで意思決定をしたい方の助けになるようにできたと自負しています。

センセーショナルな表面だけを雑に取り上げた断片的情報や、全体像を欠いた一部分だけを取り上げた情報だけでは、新しい技術が持つ意味合い、その素晴らしさ、限界について導き出すのは困難です。本書をここまで読んでくださった方なら、今私達が人類史上初めて経験している機械脳の時代は、多くの業務で効率化・高度化が起こりながらも、一方で人間にとっての仕事を全て奪う変化ではないことにも気づかれたことと思います。

技術が進歩することにより、人がおこなう仕事と機械に代替される仕事の境界線は揺らぎます。産業革命時には熟練工が職を失ったと言われていましたし、ＡＩが人間の仕事を奪うと多くのメディアが騒ぎ立てています。しかし、有史以来どれほど技術が進歩しても、職業の変化はあれど人間の仕事そのものがなくなったことはありません。技術には常に限界があり、特に複雑性の高い機械脳を扱うには、Ａ：Aim（目的）を決定する人間の意思や、Ｅ：Execution（実行）のための工夫など、今までよりも想像力と創造力を問われる課題が多くあるのです。

データサイエンスが新しい武器である以上、避けて通るのは悪手

これからの時代に機械脳と無関係でいることは難しいでしょう。

自分自身がプログラマーではなかったとしても、ＩＴ企業に発注する立場になったり、そのためのデータを用意したり、機械脳の判断に一部従って業務が組まれることもあるはずです。

仮に皆さんが働いている企業は機械脳と関わるまい、と見込んでいたとしても、競合企業もそれに追従してくれる保証はどこにもありません。今や世界で一番大きい宿泊関連企業はエアビーアンドビーであり、世界で一番大きいタクシー会社はウーバーです。自分が機械脳の運営者側として関わらなくても、他の人が開発・運営をおこなう機械脳によって職を奪われる可能性もあるでしょう。

産業革命のときに、「私は一生蒸気機関とは無関係でいます」と言い張っても、実際には否が応でも社会全体の変化に個人は巻き込まれていきます。これと同じように、これからの時代は機械脳を避けて通ることは不可能です。

機械に仕事を奪われるのではなく、機械を使う側に回れ

「ＡＩがあなたの雇用を奪う」などと、むやみに恐怖心をあおることは、本書の趣旨に反します。機械との競争という枠組みで語られることも多いのですが、機械は道具であり、機械を敵視することは無意味です。そろばんの時代に電卓が登場したら電卓を目の敵にすればよいのでしょうか。電卓の時代にエクセルが発売されたら次はエクセル反対運動をすればよいのでしょうか。仮にそうした運動をおこなうグループが存在するとしても、キャリアを高度化していきたいのであれば、新しい技術への好奇心を持ち続け、たとえ難しそうに見えるものであっても、学んでみ

る柔軟性を持つことが好手と言えるでしょう。

筆者自身は、クライアントに対してデータ活用上の助言や実行を支援するというコンサルタントの立場に加え、医療分野、教育分野では自分自身の事業を立ち上げる幸運に恵まれました。そのなかで、従来は自分自身が直感と経験を頼りに手作業でおこなってきた業務が、自分の手で作った機械脳によって代替される経験を多くしてきました。

では、「機械によって私は職を奪われたか」といえば、そうではありません。機械脳は私自身が下す判断よりも直近の印象的な出来事に影響されにくく、全体的に感度・特異度（128頁参照）に優れていました。疲れや慢心とも無縁であり、全体として信頼できるパフォーマンスを一貫してあげてくれました。そのため、私はそれまで手がつけられなかった、より想像力や創造力が要求される業務に時間を使うことができるようになりました。

私が想像力や創造力を要求される仕事が嫌いであれば、こうした変化は受け入れがたかったのではないかと思います。また、自分自身が持っている職能の範囲を広げてみたいといった好奇心がなければ、機械脳が私の仕事を代替したことを疎ましく思ったことでしょう。

想像力や創造力を使うことが好きで、自身の可能性を広げたいと思うからこそ、変化を受け入れる心の余裕が生まれ、機械脳に対して柔軟でいられたのではないかと思います。

天才たちと仕事ができるように、自分の貢献領域を見つけよう

華々しいデータサイエンスには、メディアが作り出した虚像があふれています。第6章では天才アプローチとチームアプローチを説明しました。1人のスーパーマンがビジネス側面も、サイエンス側面も、テクノロジー側面も担う天才アプローチはごく稀で、再現性、拡張性があるチームアプローチを提案してきました。チームアプローチでは、データGM、データサイエンティスト、データエンジニアそれぞれが違った役割を担い、チームの成功に貢献します。

第5章で扱ったABCDEフレームワークのそれぞれのステップで、データサイエンティストだけで完遂できるステップは1つも存在しません。A：Aim（目的）は言うに及ばず、データサイエンティストの独擅《どくせん》場であるかのように誤解されているD：Data（データ）であっても、その例に漏れません。たとえば「売上日付」ひとつとってもその定義は多数存在し、ビジネスの実態に精通したメンバーがいて初めてこうした正確なデータの扱いができることを指摘しました。C：Coding（プログラミング作業・実装）であってもデータサイエンティストが一人で決めるのではなく、どの言語を使用するかチームで話すほうがよいのです。

もう皆さんは、データサイエンスは天才プログラマーのスーパーヒーローだけが活躍できる世

界ではなく、チームスポーツであることを理解されているはずです。

もちろん、プログラムや機械脳のことをわかっていなければデータサイエンスプロジェクトでの貢献は無理です。B：Brain（機械脳の種類）についてであれば、重回帰、決定木、ランダムフォレスト、クラスタリングの4手法程度の理解もなければ、共通言語でチームと話すことも困難です。ただ、そうしたツボを押さえれば、プログラミングができなくても貢献ができます。基本概念を押さえ、ビジネス側からの意見を正しく根拠を持ってチームに伝えることができれば、機械に仕事を奪われたり、天才に駆逐されたりするどころか、データチームに不可欠なメンバーとして受け入れられるでしょう。

「時代に追いつき、時代に先んじよ」——いつの時代も、新たな地平を切り開くのは開拓者たちの野心であり、失敗しても立ち上がる不屈の精神です。この本が長く読み継がれ、社会の前進に貢献できることを祈ります。

［著者］
加藤エルテス聡志（かとう・えるてす・さとし）
東京大学卒業。コンサルティングファーム（McKinsey & Company）、米系製薬会社等を経て、2014 年に一般社団法人日本データサイエンス研究所を創設。代表理事に就任。
著書に『プログラミングは、ロボットからはじめよう！』（小学館）、『日本製造業の戦略』（ダイヤモンド社・共著）、編集協力に『日本の未来について話そう』（小学館）、『Reimagining Japan』（VIZ Media, LLC）。
TEDxTokyo Salon「教育の未来とデータサイエンス」など講演実績も多数。

機械脳の時代
――データサイエンスは戦略・組織・仕事をどう変えるのか？

2017年 7 月20日　第 1 刷発行

著　者――加藤エルテス聡志
発行所――ダイヤモンド社
〒150-8409　東京都渋谷区神宮前6-12-17
http://www.diamond.co.jp/
電話／03･5778･7236（編集）　03･5778･7240（販売）
企画協力――古屋荘太
ブックデザイン―小林剛（UNA）
本文DTP――一企画
校正――――加藤義廣（小柳商店）、鷗来堂
製作進行――ダイヤモンド・グラフィック社
印刷――――堀内印刷所（本文）・共栄メディア（カバー）
製本――――本間製本
編集担当――横田大樹

ISBN 978-4-478-03937-3